U0821678

海底捞你学不会

黄铁鹰 著

中信出版集团 · CHINACITICPRESS · 北京

图书在版编目（CIP）数据

海底捞你学不会（畅销百万册纪念版）/黄铁鹰著. —2版. —北京：中信出版社，2015.10（2026.1重印）
ISBN 978-7-5086-5362-4

I. ①海…　II. ①黄…　III. ①饮食业—商业经营—经验—中国　IV. ①F719.3

中国版本图书馆CIP数据核字（2015）第171333号

海底捞你学不会（畅销百万册纪念版）

著　　者：黄铁鹰
出版发行：中信出版集团股份有限公司
（北京市朝阳区东三环北路27号嘉铭中心　邮编　100020）
承 印 者：北京盛通印刷股份有限公司

开　　本：880mm×1230mm　1/32　　印　　张：9.75　　字　　数：170千字
版　　次：2015年10月第2版　　印　　次：2026年1月第57次印刷
书　　号：ISBN 978-7-5086-5362-4
定　　价：42.00元

版权所有 · 侵权必究
如有印刷、装订问题，本公司负责调换。
服务热线：400-600-8099
投稿邮箱：author@citicpub.com

目　录

让员工严格遵守制度和流程，其实等于雇用一个人的双手，而没有雇用他的大脑。这是最亏本的生意，因为任何人都不可能像机器不走样地重复同一个动作。人最值钱的是大脑，大脑能创造、能解决流程和制度不能解决的问题！

“海底捞有今天，每个干部都有一份功劳和苦劳。所以不论什么原因走，我们都应该把人家的那份给人家。小区经理走，我们给 20 万；大区经理以上走，我们会送一家火锅店，差不多 800 万。”

第三章

不要丢了西瓜 //143

“那叫什么苦呀?! 像我们这样没上过大学、没有专业、没有背景的人，再不想伺候人，还能干什么？……其实，我们在简阳做了这么多年，一共才有不到两万元的坏账，你为了这两万元钱，把客人都当成跑单的，这不是丢了西瓜捡芝麻吗？”

第四章

海底捞的危机 //171

“别人都以为现在海底捞很好，可是我却常常感到危机四伏，有时会在梦中惊醒！以前店少，我自己能亲自管理，每个店的问题都能及时解决，干部情况我也都了如指掌。现在不行了，这么多店要靠层层干部去管，而有些很严重的问题都不能及时发现，加之海底捞现在出名了，很多同行在学我们。所以我总担心，搞不好，我们十几年的心血就会毁于一旦！”

第五章

张勇其人 //207

我的一个学生用记者的思维方式，在课堂上向张勇提了一个问题。他说："张总，你认为你成功的最主要原因是什么？"张勇挠了挠头，有些为难了。因为任何企业家的成功都不可能只有一个原因，而是一堆原因。不过，张勇想了想，还是勉强回答了这个问题。他说："可能我这个人比较善吧。"

第六章

海底捞你学不会！ //245

讲授海底捞案例时，我被人问得最多的两个问题，一是，同麦当劳这些连锁店比，海底捞更多是靠人治，而海底捞这种管理方法能让它走多远？我的回答是，我不知道。但海底捞已经活了16年，我只想把海底捞为什么如此鹤立鸡群的原因挖掘一下。二是，海底捞的做法，我们能学会吗？我的回答是：你学不会。因为企业管理不是科学，是艺术。就像学钢琴的不可能都成为钢琴大师的道理一样！

再版序

去年底，出版社告诉我《海底捞你学不会》卖过了100万册，需要再版。2011年出这本书时，没想到能卖100万，否则，一定会好好同出版社谈条件，发一笔小财。

我2008年研究海底捞，2009年《哈佛商业评论》中文版刊登这个案例后，开始在北大光华讲海底捞。那时它才二十几个店。

我的学生都是来自五湖四海的MBA（工商管理硕士）和EMBA（高级管理人员工商管理硕士）。讨论这个案例时，总会有不服气的学生。

不服的原因有两个。一是，海底捞那时主要集中在北京、西安等几个北方城市。北方餐饮业的服务水平往往不如沿海，因此有人会说，海底捞如果在深圳和上海这样的地方，一定不会引起如此的轰动。二是，海底捞这种过于以人为本的管理，几个店还行，规模一大，可能不行。

6年过去了，海底捞开到了深圳和上海。前不久我在深圳讲课，学生们告诉我，深圳的海底捞也排队了。

海底捞现在有160多个店，在新加坡、韩国、日本、台湾地区和美国都有店了。新加坡和台湾地区的店，高峰时也要排两三个小时。海底捞东京的店长，竟是一个25岁的小伙子。

让我吃惊的是，海外这些店也都赚钱了，有些店甚至赚得比国内店还多。我问张勇：那些地方的人工不是贵吗，怎么赚钱比国内还多？他说，人工表面贵，但实际上贵不了多少。国内1元钱工资，公司要支付1.5元的成本。国外综合税收低，效率也高一些。

8年对任何公司都不是一个短的时间，因为世界500强的平均寿命才50多年。我问张勇，海底捞的管理方式有哪些变化？

他说："没什么实质性变化，只不过变得更简单。我们取消了区域管理这一级，总部直接对着每个火锅店，经营管理的决策权更向店集中了，毕竟那里才是生意发生的地方。另外，我们数量考核的指标更少了。"

我说："你们的数量考核指标本来就很少，还能怎么少？"

"我们上个月取消了翻台率。"张勇说。

我吃惊得有点说不出话，没听说哪个餐馆不考核翻台率的，这不是餐饮业的KPI（关键绩效指标）吗？

张勇说，任何指标的考核，都会引起员工的过度关注。比如，为了提高翻台率，员工就不会接受就餐高峰时间的预订，因为顾客排队等着就餐的翻台率一定高。但过长时间的排队，让客户体验不好，这有违我们的终极目标——让客户满意。

在让员工满意方面，海底捞也做了改进。几年前，基层员工开始实行计件工资，比如，端一盘菜几毛钱，收拾一张桌子几元钱，切一盘肉多少钱……

张勇说："我就是想让员工赚得多，这样他们才能把孩子老婆接来在城里站住脚。一个员工有权给客人打折免单，他就是个小老板。他至少应该做上十几二十几年，才会同客人越来越熟，才会有工作之外的圈子，才能真正融入城市生活。你看，法国那些服务员很多不都是白头发的吗?!"

张勇，你真牛！学术界正在讨论老龄化的问题，海底捞已经干起来了。我相信10年以后，中国端盘子的也会有相当多的"白毛女""白头翁"。

现在海底捞，国内有些店服务员的月收入已达8000元。

很多读者关心书中人物的命运。在此，我给大家更新一下：张勇还是大股东董事长；二股东施永宏，又回到公司协助张勇；杨小丽还是总经理，生了一对龙凤胎；"高龄"干部谢英成了副总；学历最高的苟轶群还是财务总监；袁华强在洛杉矶负责北美业务；小林忆结婚生了孩子负责外卖；杨滨负责国际采购。海底捞的管理层至今还是没有空降兵，只不过2009年以后，张勇把7个高管都送到北大光华读EMBA了。

这7个高管，6个是初中毕业，一个是中专毕业。他们都是从服务员干起，在海底捞平均工龄20年以上。上课时，同那些“高大上”的同学们相比，他们不太喜欢发言。除非我点他们的名，他们才向同学们介绍一下海底捞的做法。

他们背后跟我说：我们不喜欢发言，是因为对别的行业和企业不懂，怕说错话。另外，大多数同学没做过餐饮，我们说的他们也不明白。比如，大多数人都以为海底捞就是靠出众的服务取胜。其实，消费者哪有那么傻，就因为免费做指甲，人家就愿意等两个小时？做餐饮的谁还不明白：一个餐馆要做得住，必须在口味、价钱、服务、卫生和地点这五个基本功上都达标；在此之上，如果有一两项特别突出，顾客才记得你。

海底捞2006年就建立了自己的底料厂，底料厂厂长告诉我：“黄老师你以后要吃火锅，一定要找大的、连锁的火锅店。这样的店对底料会比较注意，因为底料里的问题太多了，很多原料我们必须用人手挑拣才敢使用。”海底捞在内蒙古有自己的屠宰场，亲自屠宰的肉才放心。

研究海底捞后我才知道，蔬菜上的农残靠水泡是洗不掉的，最好的方法是用水强力喷射，因为蔬菜表面也有呼吸的毛孔，农残会藏在里面。海底捞2007年就开始用洗菜机，跟2008年奥运会给运动员用的一样，都是意大利同一个厂家的。

海底捞让我明白了，我以前对“核心竞争力”的理解是错的。企业竞争从来就没有一剑封喉一招制胜的法宝，核心竞争力首先是均好。这同运动员首先是健康人的道理一样。

《海底捞你学不会》出版后，很多人对我说："你可把海底捞捧红了，他们应该大大感谢你。"

我说："中央电视台都不能把一个企业捧红，何况我一支笔？你们太高看我了。"

有些人听我这样说，以为我谦虚，总想说服我也写他们的案例。我不敢写，我怕写不红。

海底捞的管理从根本上颠覆了我对管理的认知，也颠覆了我对管理教育的认知。我现在相信管理是教不会和学不来的，它是一种从每个人和每个企业内生的，独一无二的，只对他和他们自己有效、对其他人没效的东西。不仅仅海底捞学不会，每个企业外人都学不会。天下没有两个同样的人，天下也没有两个同样的企业，每个企业都独一无二。

深圳的一个老板告诉我，苹果公司跟他的公司有一个联合实验室。这个实验室保密严格，他这个老板进入都要经安检门搜身。为什么？怕暴露绝招。

《海底捞你学不会》这本书的读者至少会去海底捞"学"一次。有人说，盗版与正本的比例至少是4∶1。那就是至少有500万人去海底捞"学"过。海底捞是敞开大门（包括厨房）让大家学的，很少有海底捞这样的企业，竞争对手给贡献了很多营业额。

可是8年过去了，我们还没有看到海底捞第二。

这实在不是中国餐饮业的老板笨，而是管理是学不会的东西。知道了管理学不会，让我很纠结。我在北大整整讲了15年管理，我这是在干什么呢?!

2016年5月21日星期六

北京大学光华管理学院新楼

我写海底捞

2009 年 4 月，海底捞案例在《哈佛商业评论》中文版上发表后，几家出版社相继约我写一本海底捞的书。可是我对写海底捞的书实在没把握，加之又忙，就一一回绝了。

2010 年初，我的老朋友《中国企业家》特刊部主任边杰，带着《中国企业家》执行总编辑李岷特地到北大找我。

我动心了，给海底捞董事长张勇打电话，要写这本书。

张勇很犹豫，他说：“海底捞现在已经名声在外。盛名之下，其实难副。再出一本书，怕吹过了。”

我说：“你再想想，我过些天给你电话。”

第二次电话，张勇同意了，但他提出三个条件。他说：“黄老师，第一，要写就写一个真的海底捞。要把海底捞好的一面与不好的一面、问题与困惑都展现出来；只要是真实的，我不介意。第二，写海底捞的书，我可不给你钱。第三，你写完了，我不审稿。”

我说：“好。”

于是，《中国企业家》给我派出大记者孙雅男小姐，一路陪我访谈，帮我整理资料。8个月后，书稿交给了中信出版社。

这本书真难写。

张勇不仅把海底捞向我全面敞开，让我采访了海底捞的所有高管，还让我进入了他的家庭和他的过去；再加上他那一句“我不审稿”，就更让我的笔格外纠结。写这本书，我领教到被人充分信任并不是一件好事，因为这份信任太沉重。其实，这就是张勇管人的方法，我着实地被他“管”了一次。

这本书完稿后，我开始嘀咕：是不是让张勇看看？万一我有什么地方写得失实或不对，给张勇和海底捞造成不好的影响怎么办？后来，我忍住了。原因是：这是我的书，是我看海底捞的视角。世界是个万花筒，海底捞也是一个万花筒，每个人看的角度不同，图案就不应该相同。

因此，本书如果对张勇或书中所有我提名或未提名的人造成不好的影响，我在此事先道歉。

写这本书的第二个难点是技术上的，按什么形式写？按小说写，写了三万字，就写不下去了。按报告文学写，开个头也卡住了。从企业管理的角度写，还是不行。折腾三个月，真难受！最后是对写作一窍不通的老妈一句话让我定下了神。我带

79岁的妈妈去吃海底捞，老太太吃完后，出门说了一句，“这些农村的孩子真让人感动！”

对，就把海底捞这些让我感动的事情写出来，管它什么文体！于是，就有了这本62篇短文组成的“四不像”。

这本书面市，我首先要感谢张勇。他让我进入了他的世界，并让我肆无忌惮地探索！

感谢张勇的母亲和张勇的太太，这两位对张勇最重要的女人都向我敞开了她们的心扉。

感谢张勇儿时的邻居詹荣祥婆婆一家，他们让我对张勇的历史有了更深入的认识。

感谢张勇年轻时代的死党和同学——同他一起创建海底捞的施永宏，他的坦诚、大度和忍让，让我感动。

感谢张勇年轻时代的死党和同学——在海底捞当采购大主管的杨滨，他让我这个55岁、自以为知道人是怎么回事的人，对人又有了新的认识。

感谢杨小丽这位四川女人——海底捞的唯一副总经理，她的故事让我太太哭了三次。

感谢袁华强，海底捞北京大区的总经理，是他让我开始产生研究海底捞的兴趣。

感谢海底捞的财务总监苟轶群，这家以农民工为主体的企业中最高学历的知识分子，他的思维和逻辑让我感到新鲜。

我还要感谢谢英、陈勇、林忆、杨华、冯伯英、方双华、谢张华和朱银花等等，他们每个人的故事都让我对海底捞不断产生新的认识。

我还要感谢所有在餐桌上为我提供服务的海底捞服务员，每次吃饭，我的问题都会让他们烦不胜烦。

另外，我特别要感谢的是《海底捞文化月刊》和它的主编郑操梨先生。我不仅在书中引用了很多海底捞这份公司内刊上刊登的故事，这份小报还成了我了解海底捞历史的唯一文字档案，从中我洞察到了海底捞的变化。我向这些故事的撰写人和提供者表示深深的感谢。

我还要感谢北京大学光华管理学院和过去 9 年听过我课的学生，他们不仅给我提供了一个讲台，而且逼着我把中国商场实战案例课讲好。为了寻找更好的案例素材，我盯上了海底捞。

我在书中还收录了我的学生关于海底捞的文章，他们是李垠周、李蕙曼、金修珍、况琳、欧阳易时和王廷伟，在此也向他们表示感谢！

最后，也是最重要的，我要感谢我太太，她对本书的每一篇文章都把了第一道关。如果哪篇文章没有让她感动，我就要重新琢磨。

（最后定稿于长春 2010 年 12 月 17 日，当天下大雪，气温零下 23 摄氏度。）

海底捞的机制

宁高宁

铁鹰是做过商人的学者，或者说他本来就是学者式商人。他总能抓住管理学中本质的东西，他总善于把管理学所有技巧性的理论一直追溯到人性本质的深度来拷问，他不喜欢把它的观察局限在金碧辉煌的董事会议室，他更喜欢问老板与雇员的关系是什么，企业中每个人的感觉是什么。到一家餐厅他更喜欢看厨房，到一家工厂他更喜欢看车间，他最喜欢与一般员工聊天，而员工也喜欢与他聊，他总能从制度设计角度为企业的成败找到“人”的原因，而且这个原因往往是对的。

他的这些特点使得他与学界商界的人都不同，这几年他在北大不仅是很受欢迎的教授，不仅开创了校园与企业结合的许多先例，他也把他的观察思考更系统化、整体化、精神化了。

他的许多发现和角度让我们感受到了企业管理实践的永续蓬勃和创新，也是因为他的发现和角度，我们才有了关于海底捞餐厅的这本书。

铁鹰让我写序时我答应得很随意，可把他的书稿看了几章后我觉得这个序很难写，因为铁鹰在海底捞发现的东西是大多企业没有的。中国成千上万家餐厅，成功者各种原因都有，像海底捞这样一家时间不长的火锅店，在人上、信念上下这么大功夫的不多。

为了搞清海底捞到底是怎么回事，我和夫人曾在北京一个寒风刺骨的夜晚悄悄到海底捞排队候餐，我们感受到的是一群态度不同的员工，他们乐观、主动，还带着强烈的自豪感，他们笑着的眼神中传达出诚恳和欢迎你来的意思，走起来很快像小跑，想让你满意的意图很强。从它的价钱，到它的菜品，到那幢楼里其他餐厅都冷清只有海底捞要排一小时队，我突然觉得铁鹰这次抓住了一个很特别的研究对象，因为这个对象身上有种特质很稀缺、很宝贵，它可能是未来企业中越来越重要的东西。

大部分企业不缺制度，制度也能起很大作用，可仅有制度会造成机械和被动；大部分企业都有奖罚，金钱当然起很大作用，可仅有奖罚会造成趋利和隔膜；很多企业都有理念、愿景及使命，可仅有这些可以挂在墙上的东西会造成形式感和空洞，只有把这三者适当地放在一起了，企业才是一个完整的管理系统。

铁鹰从海底捞发掘出来的是这三者的结合，而且这其中铁鹰更着重了精神的东西，我知道这是铁鹰的特长，也是他的信仰。我有个预感，这本书里对基于人性和心理为前提的精神因素的提炼，会帮助中国企业提升认识水平和管理水平。

企业中有样看不见但处处能感受到的东西，可以叫它理念、文化或信仰，也有人叫它企业宗教。这样东西不需要，也不可能孤立地去建造，每家企业都有，有好有坏，因为它是企业管理中所有行为的结果。海底捞就在它的员工中建立了这样一种让人人痴迷的宗教。这种信仰是在海底捞的封闭环境中形成的，与企业外的社会一般做法不同。海底捞因为重新定义了员工与企业的关系、老板与雇员的关系，当然也改变了企业与顾客的关系，原来可能是矛盾的三方成为一体的了。这样一个新的信仰和信任的关系就形成了，你把每个人当作好人，每个人就真变成了好人，每个人都希望世界变得更美好，世界就真的更美好了。海底捞做了这样一个不是没有风险的尝试，但却很成功。我不认识海底捞的老板，我想他定是一位心中有大爱的人，因为我觉得只有有大爱的人，才会有智慧把组织做这样的改造。

有三件事都不是铁鹰告诉我的，但我觉得与这本书很有关，应该写在这里，一是听说铁鹰为了调研海底捞派了北大学生去餐厅打工做卧底，几个月才拿到这些第一手资料。二是听说海底捞也送火锅外卖到家里，人家吃完了，服务人员连垃圾也收走。三是在偶然机会下遇到要出这本书的策划——《中国企业家》杂志的编辑，他说宁总你的序写了吗？快写吧，我们编辑部的人看了书稿都哭了！

幸福成就海底捞

王　石

万科集团有个物业事业部。物业服务与地产开发十分不同，它是一个人力密集型行业。基层员工离职率高，是这个行业最令人头疼的问题之一——上周保安还主动为你拎购物袋开门，下周新来的就要找你盘查证件了，这显然会降低客户的品质感。在万科，客户购买产品时物业服务的提及率高达80%，在这样一个至关重要的环节上，物业服务员工的离职率却高达50%，原因不外乎两方面：工作缺乏成就感，看不到职业发展方向；物质回报不尽如人意，看不到未来富足的道路。

社会的金字塔阶层结构，注定每个行业都有数量最多的“基层员工”，物业服务行业是个典型，餐饮业更是个典型。这些行业从业者大多数来自农村，多数只受过初中教育，上过大学的更是凤毛麟角。

由于社会的、个人的原因，这些年轻人输在了起跑线上，很难享受到作为社会稀缺资源的幸福感、成就感。这并不是中国社会的特例，大约100年前的美国也有类似的情况。1914年1月5日，小亨利·福特的公司宣布将工作时间减少至8小时，同时将工资翻倍到每天5美元，他希望员工的收入应该足以享受自己生产的产品。公司为此需要多支付1 000万美元。有经济学家批评他“把《圣经》的精神错用在工业场所，拿博爱主义做幌子来争取人心”。那一年，福特公司的利润增加200%达到了3 000万美元，并且拓展了汽车的消费人群，深刻地改变了一个行业的生态，也彻底改变了美国的国家精神。今天，我们都知道美国是一个生活在轮子之上的国家。汽车改变了美国人的生活，使他们更加热爱这个国家的理想和生活方式。

真正的企业家考虑问题往往更全面。他们明白，如果社会与公司的制度安排让普通劳动者无法享受到其本应有的幸福感与成就感，这样的制度将无法持续。

不过，单个企业有可能解决这个问题吗？还是只能坐等整个国家经济环境和行业生态的进化？通常的办法是多用亲情与温情打动基层员工，近似于一种软绵绵的洗脑方式。这种方法短期有效，但难以持久，因为人能被蛊惑一阵子，但很难被蛊惑一辈子。

海底捞，起家于四川简阳的一家全国连锁火锅店。去过他们店的顾客有几个最直观的感觉：第一，顾客多，排队两个小时吃顿火锅很常见；第二，服务好，筷子的长度让人烫不到手，有专门供勺子搭着的钩；排队时还有人帮你擦鞋，饭桌上刚准备做手势，服务员小妹已经心领神会地跑过来了；第三，服务员总是保持微笑。这些经营特色，近年成了企业管理界津津乐道的话题，我的老朋友黄铁鹰先生还专门著书来探究一番。

海底捞成功的奥秘在哪里？我认为黄铁鹰的总结重点在一段话：养而不爱如养猪，爱而不敬如养狗。而人呢，只给温饱和爱是不够的，还需要尊敬。什么是对人的尊敬？见老板鞠躬给领导鼓掌？那是对地位和权力的尊敬。对人的尊敬是信任。信任你的操守，就不会把你当贼防；信任你的能力，就会把重要的事情委托给你。人被信任了，才会有责任感。而信任的唯一标志就是授权——海底捞给予火锅店的普通员工物质回报，还给他们“信任”与“授权”，让他们一同收获幸福感和成就感。

信任不是说出来的，而是做出来的。张勇在海底捞公司的签字权是100万以上；100万以下是由副总、财务总监和大区经理负责；大宗采购部长、工程部长和小区经理有30万元的签字权；店长有3万元的签字权。书中说，这种放心大胆的授权在民营企业实属少见，但我认为这都不是最重要的授权，海底捞最重要的授权给予了基层的服务员：不论什么原因，只要员工认为有必要，都可以给客人免一个菜或加一个菜，甚至免一餐。

这个小细节体现了海底捞管理的奥秘。从服务员一手干起的老板张勇明白：一个餐馆不论其名气或者装潢，客人从进店到离店，始终只跟服务员打交道，所以餐馆客人的满意度基本掌握在跑堂员工手里。怎样才能服务好客人？那就要善用这些在现场的普通员工，多发挥他们的才智。做法很简单，授权，给他们做决定的权力。黄铁鹰总结说：如果客人对你餐馆的服务不满意还要通过经理来解决，那么这个解决问题的过程本身又会增加顾客的不满意度。

一般餐馆里，顾客结账时不会同服务员谈打折优惠。为什么？谈了半天，那个忙得跳脚的服务员连是否能给个98折优惠都闪烁其词，因为她要看大堂经理的脸色。这种折扣，给与不给，顾客与餐馆都双输——即使顾客找经理要到折扣，也不会念餐馆的好。

而海底捞的服务员可以说都是经理，因为这种权力在所有餐馆都是经理才有的。德鲁克认为，企业的员工是否是管理者并不取决于他是否管理别人，所有必须坚持自己的目标和标准，进行决策，并且对组织做出贡献的员工，实际上都在行使管理者的职责。显然，在海底捞的管理体系中，每一个基层服务员都是一个“管理者”，对服务品质起到关键的影响，对公司至关重要。

每个员工都是管理者的餐馆，显然就具备了不可复制的核心竞争力。这就是一些餐馆费尽心思地从海底捞挖人，试图抄海底捞的模式，却抄不出结果的真正原因。真正的核心竞争力是难以复制的。这也从侧面印证了IBM前首席执行官沃森提出的原则:“就经营业绩来说，企业的经营思想、企业精神和企业目标远远比技术资源、企业结构、发明创造及随机决策重要得多。”

一位万科物业事业部的同事曾在微博上写道:“顾问公司提出，人均管理面积如果过高，对员工满意度和客户满意度都没好处。认同！效率固然重要，但对劳动密集型行业来说，解决人的就业与维持稳定不也是它们的社会责任吗?!”

万科文化提倡平等、契约、分享、包容，其核心是“尊重人”，我们尊重员工的个性，尊重员工的个人意愿，也尊重员工的选择权利。人才是万科最重要的资本，多年来，我们走出了一条汇聚人才的道路。但从海底捞的管理案例中我看到，这家新型企业后起之秀的管理理念和管理方法中，有许多值得万科尤其万科物业借鉴学习的地方！

他人幸福，自己幸福

张维迎

黄铁鹰又要出书了，并且邀请我为他的书写个序。我虽然不擅长此道，但在看完这本书后，还是觉得值得一写。

这本书讲的是海底捞的故事，它的经营之道、管理之道、人才之道以及成功之道。海底捞的故事印证了我讲的“市场的逻辑”。

在《市场的逻辑》一书中，我写道：所谓市场，就是好坏由别人说了算，而不是你自己说了算的制度。市场的基本逻辑是：如果一个人想得到幸福，他（或她）必须首先使别人幸福。更通俗地讲，利己先利人。比如说，生产者要获得利润，就必须为消费者提供满意的产品或服务，为消费者创造价值；企业家要想有雇员追随，成为他人的老板，就必须给雇员提供足够好的工资待遇和工作条件，并对后者的行为承担连带责任；工人要得到能维持家庭生计和改善生活的工作机会，就必须生产出客户愿意购买的产品。市场竞争，本质上是为他人创造价值的竞争。不能为他人创造价值的企业，必然在竞争中被淘汰。市场的这一逻辑把个人对财富和幸福的追求转化为创造社会财富和推动社会进步的动力。由此，才有了西方世界过去200多年的崛起，也才有了中国过去30年的经济奇迹！

市场不仅是一只“看不见的手”，而且是一只“隐形的眼睛”。“看不见的手”指引人们做正确的事情，“隐形的眼睛”监督人们把事情做好，建立良好的声誉。正是这只“看不见的手”和“隐形的眼睛”，使得远隔千里、素不相识的陌生人之间可以进行分工合作，相互提供服务，改善了人们的生活，推动了人类的进步。

如本书所展现的，海底捞的成功，在于它总是把顾客的幸福和员工的幸福作为赚钱的前提，把声誉放在第一位。在海底捞，顾客才是真正的“老板”，员工工作的满意程度是顾客评价的；而员工能快乐地工作，是让顾客真正感到满意的重要保证。这话说起来容易，但真正做起来并不容易，它依赖于一整套的管理办法和企业文化，也依赖于企业领导人的经营理念和胸怀。海底捞做到了！

本书由50多篇短文组成，每篇讲的都是小故事，但微言大义，读来引人入胜。黄铁鹰之前的几本书都很畅销，我相信，这本书也一定会畅销，因为它给读者带来了快乐！

“低素质”的农民工

2008年，一位北京市民在网上发了这样一个帖子：

怎么说也是东四环内黄金地段，怎么说现在二手房也要两万，我真想不通，是不是给海底捞送钱的人太多了？还是对员工福利太好了？海底捞居然在我们社区租了两套三居室给70多名员工做集体宿舍。

真郁闷！刚才报了警，警察说这事儿哪成啊！违反规定，得查，得处理。我安心了。这年头，有事找警察，真好！另外，说我不应该管的，您自己扪心自问，您家对门天天进进出出三四十口素质不高的人，您作何感受？您要能忍，那你是神。我觉悟低，不能跟您相提并论。

另外，您真觉得这对他们来说是好环境？我们小区租金不低，三居能租 7 000 左右，有这钱都差不多可以去附近便宜一点的小区租三个三居室，30 多人住一个三居和 30 多人租三个三居，您觉得哪个生存环境更好呢？

说白了，如果海底捞这样做不违法，警察也不会管；警察管，也不会单纯驱赶，而是和街道一起，让海底捞老板找更多更合适的地方给他们住。要当神的，您自己去当，我一介平民，做我的凡人是也。

海底捞是什么？

海底捞是一个川味的火锅店，2004 年开始在北京开连锁，生意异常火爆。老板名叫张勇，是四川简阳人。海底捞以善待员工和为顾客提供超出想象的服务，在北京餐饮业引起了轰动。

张勇不忍心让从农村来的服务员，在人生地不熟、交通不便的北京住得离餐厅太远；又不忍心像很多餐馆老板那样，让他们住城里人不住的地下室。张勇给海底捞员工租城里人住的正规楼房，结果就频频遭到像上面发帖的“高素质”北京市民的投诉，而员工则屡受保护这些“高素质”市民的居委会、保安和警察们的驱赶。

2006 年春节前两天，海底捞在北京好不容易给员工租到一套住房，一下子交给业主一年的租金。十几个来自农村的小姑娘正兴冲冲地搬家，却被闻讯赶来的其他业主和保安挡在门外，原因是：“你们人太多不能住一套房（没听说北京有这样的法律）！”

小姑娘们哭了，说：“我们那边已退租，这边不让住，我们店春节还要开门，又不能回家，我们去哪儿住？再说了，我们一半行李已经搬进去了？”最后，“高素质”的北京人动了恻隐之心，让她们暂住两个星期，过了年必须搬走。

两个星期就两个星期。中华民族最伟大的特性之一就是忍耐，作为中华民族脊梁的中国农民的后代更能忍！第二天这些小姑娘们穿上工服，像没事儿一样又去海底捞侍候北京的顾客们了。

北京是中国的政治和文化中心，也是中国的火锅中心，北京人喜欢火锅，除了传统的涮羊肉，改革开放30多年，他们把各地火锅都引到了京城，什么重庆麻辣、内蒙古肥牛、贵州酸鱼、港式海鲜，应有尽有，据不完全统计，北京火锅店不下4 000家。真可谓，得北京者，得天下。

竞争让北京火锅爱好者笑了，有些火锅店常年打出羊肉15元一盘、啤酒免费畅饮的广告。竞争让火锅店老板们的心紧了，据业内人士说，很多火锅店在北京活不过三年。

2004年，名不见经传的，来自四川简阳的海底捞火锅店，也赶到京城凑热闹来了。初期它像所有新进入者一样，根本没有引起关注，因为京城火锅业对这样不知死活的新进入者太见怪不怪了。

可是它慢慢引起了同行的注意。何止是注意，北京火锅店老板几乎都去海底捞吃过饭！

为什么？偷艺。

不仅是同行，它还引起了媒体的注意，中央电视台和北京几家大报都相继报道了这个火锅店；在餐饮网站——大众点评网，纯粹由顾客打分排名的前三名北京火锅店，连续三年都有海底捞。

海底捞凭什么能引起这样的轰动？

因为海底捞在三伏天能让北京食客排队吃它的火锅！北京的三伏天，温度经常高达30多摄氏度。此时是火锅的淡季，很多火锅店要么提供别的菜式，要么干脆让部分员工回家歇着。可是海底捞火锅在三伏天每天平均每桌还要“翻三次台”，这不能不说是一个火锅奇迹。

问这些三伏天还在海底捞排队的人为什么喜欢海底捞的火锅，有的客人说：“我喜欢来海底捞，这里服务很‘变态’，在这里等候时，有人给免费擦皮鞋。”

的确，海底捞有很多别的火锅店没有的服务，在客人等候时，可以享受店内提供的擦皮鞋和修指甲服务，不仅如此，客人等候时还可以免费地享受水果拼盘、饮料，上网，玩扑克和象棋！

可是，这些要等一两个小时的北京食客，难道就为了这点儿蝇头小利，三伏天要去排队吃它的火锅？

有的客人说：“这里的价钱公道，分量足，还能点半份菜！”

可是海底捞顾客的人均消费在六七十元左右，这是北京中档火锅店人均消费的平均值。

有的说："海底捞的卫生好，桌子从来不油腻，擦得比家里都干净；厕所里没有味儿；厨房里面都让人参观，吃着放心！"

有的说："我第二次去，那几个服务员就能叫出我的名字；第三次去，他们就知道我喜欢吃什么！"

有的说："这个店就是跟别的店不一样，吃火锅眼镜容易有蒸汽，他们给你擦眼镜的绒布；头发长的女生，给你系头发的皮筋套，还是粉色的；手机放在桌上容易脏，给你专门包手机的塑料套。"

有的说："我就愿意吃他们的火锅，料正，汤好，味道独特。"

还有的干脆说："到海底捞吃饭开心，他们的服务员总是笑呵呵的！"

难道仅仅是这些原因，就让海底捞如此鹤立鸡群?

火锅很赚钱!

做餐馆的人都知道，开一家容易，开两家难，三家不死，才是神仙。道理很简单，麻雀虽小五脏俱全，再小的餐馆也是一家企业，能管好三家餐馆的老板就能做连锁了。

然而，从 2004 年到现在，海底捞一口气在北京开了 20 家火锅店，家家火爆到客人要排队。

最让同行咽不下这口气的是，很多老板去海底捞吃完后，又让管理层和领班们去吃。可是同行们白白给海底捞贡献了好多营业额，客人就是不到自己的店里排队；还有的火锅店干脆派卧底到海底捞当服务员，可是依然没有把海底捞的精髓学到。

真怪了，火锅又不是原子弹，怎么就这么难学？

俗话说，外行看热闹，内行看门道。2006 年 6 月 23 日，200 名来自百胜公司的区域经理将年会聚餐的地点选在海底捞北京牡丹园店，与其他客人不同，他们对服务的兴趣远大于吃饭。他们说这顿饭的目的是“参观和学习”。

大多数人可能不知道百胜公司，但不会不知道肯德基和必胜客。百胜公司就是这两个快餐连锁店的总公司，据说每个百胜区域经理至少管理 36 家店。而当时海底捞全国的店数还不到 20 家。张勇说，“这简直是大象向蚂蚁学习”。次日，在百胜公司的年会上，应邀做演讲嘉宾的张勇，被这些“大象”学生整整追问了三个小时。

现在，海底捞已成为京城饮食业的一个现象。不光是餐饮业和吃饭的人知道，出租车司机也知道海底捞。不仅去海底捞的客人多，海底捞还是北京晚上歇业最迟的餐厅。深夜去海底捞门前趴活儿（出租司机行话，即等生意），没错！

什么东西成了焦点，自然就引来人们评头论足，有人说海底捞的火锅底料是不是有什么奥秘？于是很多同行偷偷把海底捞底料拿回去化验。

还有人说，这家老板不知骗了多少贷款，要不，怎么这么大手笔扩张？海底捞每家店都在 2 000 平方米左右，大的店装修费就要上千万，小的也要几百万。还有的说，保不齐人家有什么旁门生意，是在用火锅洗钱呢。

可是海底捞不仅没有银行贷款，连找上门的风险投资的钱都没用。我开始研究海底捞就是因为我的一个做投资银行的学生。他说："黄老师，我们发现一个很有意思的公司，叫海底捞火锅店。我们主动给它送钱，那个老板硬不要。"

我问张勇："这年头很多生意人就想圈钱，你为什么不要？"

张勇说："如果用了投资银行的钱，就要按人家的计划开店。可是我觉得生意跟人一样，该干活儿就干活儿，该吃饭就吃饭，该睡觉就睡觉。不是每年你想开几个店，就能开几个店，而是要根据生意的情况和自己的能力，该开几个店就开几个店。"

我问："你们从没有借过银行的钱？"

张勇说："我们也不是不想用银行贷款，可是贷款需要资产抵押。海底捞没有什么值钱的资产，店面都是租来的，最贵的就是装修和锅碗瓢盆，可是这些不能做资产抵押。"

我又问张勇："你还做过什么生意？"

张勇说："火锅店是我做过的唯一生意。1994 年我们在四川简阳开海底捞第一家火锅店时，四个股东浑身上下就 8 000 元现金，到 2010 年我们有 60 多家店，这十几年里，海底捞只有很少几次用到一些小额的短期银行贷款，海底捞现在的家底都是一盘一盘菜卖出来的！”

我睁大眼睛问他：“你是说海底捞的初始投资就8 000元？”

张勇说：“对，就8 000元。黄老师你不做餐馆，你可能不知道：做火锅的确很辛苦，但火锅做好了很赚钱。海底捞的店，平均一年半收回投资。一家店收回一半投资时，我们就开始筹办第二家店，因为新店装修总要几个月。”

我心里默算了一下，如果都按一年收回投资，海底捞办了16年，一生一，二生二，四生四……

哦，看来张勇说的是实话。

早知道火锅这么赚钱，我都做火锅了！

可是当我研究海底捞两年后，我知道了，我做不成海底捞。

挖不动经理，就挖服务员！

其实，全国有很多比海底捞大的火锅连锁店。我问张勇：“海底捞生意这么好，为什么不多开一些店？”

张勇说：“我们不多开店，不是因为没有钱，而是缺少合格的人。大街上招来的人，要经过培训，才有可能成为符合海底捞标准的人。海底捞的火锅店必须由符合海底捞标准的人管，才能有这样高的回报。我们每年开多少店，首先是看能训练出多少合格的干部和骨干员工，然后才看手里有多少可开新店的钱；这么多年我们手里的钱总是绰绰有余。”

我问张勇：“什么是符合海底捞标准的人？”

张勇说：“标准很多，但原则很简单，就是不怕吃苦的好人。比如，海底捞的员工要诚实肯干，要能快速准确和礼貌地对客人服务；要能发现顾客的潜在需求，不仅会用手，还要会用脑去服务；不能赌博，还要孝顺。”

成为正式的海底捞员工，要做如下宣誓：

我愿意努力工作，因为我盼望明天会更好；

我愿意尊重每一位同事，因为我也需要大家的关心；

我愿意真诚，因为我需要问心无愧；

我愿意虚心接受意见，因为我们太需要成功；

我坚信，只要付出总有回报。

四川是麻将大省，有人戏称：“飞机还没在机场降落，就能听到四川人在底下打麻将！”上万名海底捞员工，至少有三分之一来自四川。我问张勇：“赌博和孝顺你们也管？”

张勇说：“不仅管，而且是铁律！赌博就要开除！不孝顺父母的，不忠于家庭的，不能当干部！我们的干部在接受任命时都要宣誓。”

我问：“为什么？”

“很简单，一个人自私到不管父母，工作起来一定会斤斤计较，也不可能与人为善；面对诱惑，很可能会铤而走险。好赌的人都是喜欢走捷径的人，不可能对餐馆这种又苦又累的工作全情投入。”张勇说。

嘿！张勇有点像德育老师。

“培养人说起来容易，做起来难，因为人是活的。这个问题到现在也是我们最头疼的问题！黄老师，你说，现在有没有什么流程和方法，能像制造汽车那样源源不断地培养符合标准的干部和员工？”张勇问我。

我想了想，说：“我相信没有。按理说，大学就是制造人才的工厂。可是世界上最好的大学，也达不到世界上最差的汽车工厂的质量标准。人不是机械零件，毕业生之间的差距太大！”

尽管海底捞目前没有解决这个让张勇最头疼的问题，但在海底捞干过的人已经不一样了。海底捞火锅一枝独秀后，很多餐馆到海底捞挖人。挖人自然先挖店长；店长挖不动，就挖大堂经理；经理挖不动，就挖领班；领班挖不动，就挖服务员。

我曾经问一个挖过海底捞服务员的餐厅老板：“人家挖人都挖经理，你挖服务员干吗？”

她说：“他们店长我挖不动，海底捞服务员的脑袋也灵活，在我们餐馆都能当领班。我们去吃了几次海底捞，每次不论怎么挑剔，愣是没挑出毛病。有一次，我们一个经理要把一盘羊肉称一称，看够不够分量。人家服务员不仅没烦，还说，哥，你是用我们厨房的秤，还是我给您到外面买个电子秤？结果，我们那个经理扑哧一下笑出来，然后坦白说是同行，故意来挑毛病的。结果那个小丫头说，我早就看出你们是同行，是同行我们更欢迎，因为你们逼着我们做得更好。我问那个小丫头，在海底捞干了几年，结果，她说才 8 个月！”

海底捞的人是怎么炼成的?

张勇是海底捞的第一个员工。1994 年，在四川拖拉机厂当电焊工的张勇，在简阳支起了 4 张桌子，在父母的帮助下，利用业余时间卖起了麻辣烫，这就是海底捞的雏形。

张勇说:“我不会熬汤、不会炒料，连毛肚是什么都不知道，店址选得也不好。想要生存只有态度好，客人要什么，快一点；客人有什么不满意，多赔点笑脸。刚开始的时候，不知道窍门，经常做错；为了让人家满意，送的比卖的还多。结果，客人虽然说我的东西不好吃，却又愿意来。”

半年下来，一毛钱一串的麻辣烫让张勇赚了第一桶金——一万元钱。一个年轻人捡一万元，或者父母给一万元，同卖 20 万串麻辣烫挣的一万元，是不同的钱。前一个一万元是洪水，会一下把小苗冲走；后一个一万元是春雨，春雨润物细无声。

卖了 20 万串麻辣烫的张勇悟出来两个字——服务。张勇说:“如果客人吃得开心，就会夸你的味道好；如果觉得你冷淡，就会说难吃；服务会影响顾客的味觉！”

如果说所有餐馆都需要好的服务，火锅店就需要更好的服务。因为火锅不同于别的菜，吃火锅时每个客人都是半个人厨，不仅自己要调料，还要亲自在沸腾的汤里，根据自己的喜好和口味，煮各种食材，因此吃火锅的人比吃其他菜式的人需要更多的服务；特别是四川火锅浓重的麻辣刺激，吃到最后大多数人实际上已分不出不同火锅店的不同口味；因此，在地点、价钱和环境差不多的情况下，服务好坏是顾客区分火锅好坏的最重要因素。

什么是好的服务？就是让客人满意。什么是更好的服务？就是让顾客感动。

怎么才能让顾客感动？就是要超出顾客的期望，让顾客感到意外，让他们在海底捞享受到在其他餐馆享受不到的服务。这样，海底捞与其他火锅店的差别才能体现出来；于是，当顾客要吃火锅时，才能想到海底捞。

管理真是实践的艺术。技校毕业的张勇，在偏僻的四川简阳火锅店里竟然摸索出商学院教授奉为神明的竞争差异化战略。

然而，张勇比教授们多一样本领，那就是他不仅懂得差异化战略，还能把差异化做出来。

第一章

把他们当人对待！

客人是一桌一桌抓的

哪怕在海底捞干过一天的员工都知道“客人是一桌一桌抓的”这句张勇语录。

为什么要一桌一桌抓客人？因为尽管每桌客人都是来吃火锅的，但有的是情侣约会，有的是家庭聚会，有的是商业宴请……客人不同，需求就不同，感动客人的方法就不完全一样。

从买菜、洗菜、点菜、传菜、炒底料，到给客人涮菜、打扫清洁、收钱结账，做过火锅店里每一项工作的张勇深知，客人的要求五花八门，严格按流程和制度来服务最多能让客人挑不出毛病，但不会超出顾客的期望。比如，任何餐馆的流程和制度都不可能规定给客人擦鞋的服务。

张勇开办火锅店初期的一天，当地一位相熟的干部下乡回来，到店里吃火锅。张勇发现他的鞋很脏，便安排一个伙计给他擦了擦。这个小小的举动让客人很感动，从此，海底捞便有了给客人免费擦鞋的服务。

一位住在海底捞楼上的大姐，吃火锅的时候夸海底捞的一种辣酱好吃，第二天张勇便把一瓶辣酱送到她家里，并告诉她以后要吃，海底捞随时送来。

这就是海底捞一系列“变态”服务的开始。

可是这种差异化的服务，只能通过每一个员工的大脑创造性地实现。

开连锁餐厅最讲究的是制度与流程，比如肯德基的薯条要在一定温度的油锅炸多长时间，麦当劳汉堡包的肉饼有多少克重。但制度与流程在保证质量的同时，也压抑了人性，因为制度与流程忽视了执行者最值钱的部位——大脑。

让员工严格遵守制度和流程，其实等于雇用一个人的双手，而没有雇用他的大脑。这是最亏本的生意，因为人的双手是最劣等的“机器”，任何人都不可能像机器不走样地重复同一个动作。人最值钱的是大脑，大脑能创造、能解决流程和制度不能解决的问题！

服务的目的是让客人满意，可是客人对涮火锅的过程和吃火锅的要求不尽相同，火锅客人的满意不可能完全用标准化的流程和制度所达到。比如有的人可能要标准的调料，有的人喜欢自己调；有的人口味重，需要两份调料，有的人连半份都用不了；有的人可能喜欢自己涮，有的人喜欢服务员给他涮。

有人不喜欢免费的酸梅汤和豆浆，能不能送他一碗鸡蛋羹？尽管鸡蛋羹是收费的，但如果能让牙口不好的老人吃一碗免费鸡蛋羹，他可能会记一辈子！

一个客人想吃冰激凌，服务员能不能到外边给他买？

一份点多了的蔬菜，能不能退？

既然是半成品，客人可不可以点半份，多吃几样？

一个喜欢海底捞小围裙的顾客，想要一件拿回家给小孩用，给不给？

碰到这些流程和制度没有规定的问题，大多数餐馆当然是按制度和流程办——不行；在海底捞，服务员的大脑就需要创造了——为什么不行？

我在海底捞的员工杂志上，随手抓了几个海底捞员工的服务差异化的例子。

上海三店姚晓曼说：

“有一次，雅间11号坐的是回头客邬阿姨。她女儿点菜时问，撒尿牛肉丸一份有几个？我马上意识到，她怕数量少不够吃，便回问一句：姐，你们一共几位？她说10位。我立马告诉她，一份本来是8个，我去跟厨房说一下，为您做10个。她很惊讶地抬头看了我一眼，说：小姑娘，你们领导不会说你吧？我说，您放心，只要说明原因，领导都会理解。

“还有一天中午，雅间5号的客人有8个，点了很多菜，而且要求五花八门。我当时正同时接待两个包间，有点忙乱。他们的菜上齐了好久，我对单时突然发现一份羊羔肉还没上。我害怕他们说我。后来，我想到一个办法，我轻轻跟那位请客的赵哥说：哥，还有一份羊羔肉，您还上吗？他说：哦，我点的肉还没上？我抱歉地说：那肉是冰鲜肉，上来要马上吃，看你们聊得这么开心，还有很多素菜没吃呢，我特意没让厨房上。如果您还要，两分钟就给您上来。他一听马上转怒为喜，说：你这丫头真聪明，拿笔来我给你写奖状！”

上海三店张耀兰说：

“星期六晚上生意特别好，7 点半 3 号包房上来一家姓徐的客人，年纪大的徐叔叔，又高又大，很腼腆不爱说话；年轻的徐叔叔个子也很高，戴副眼镜，性格开朗，又说又笑；徐妈妈个子不高，很和蔼，也爱说话。他们点了一份鹌鹑蛋，我把鹌鹑蛋给他们下锅时，发现徐妈妈把上面的萝卜丝夹到碗里吃。

“我感觉她一定很喜欢吃萝卜，于是立即打电话给上菜房，让他们上一盘萝卜丝，然后我拿萝卜丝去调料台放上几味调料。当我把拌好的萝卜丝端到桌上时，他们很惊讶，说我们没有点萝卜丝呀？我说：我估计阿姨爱吃萝卜丝，特意拌了一盘送给阿姨吃，不知道你们喜不喜欢？徐阿姨说：你怎么知道我喜欢吃萝卜丝？我说是我猜的。

“他们当然非常高兴，边吃边夸我，还问这萝卜丝是怎么拌的。最后徐叔叔要来一碗米饭，把萝卜丝盘子里的汤拌到饭里吃了，说这是他吃过的最香的饭。接下来一个月，他们连来了三次，还把他们姓蔡和姓杨的朋友介绍来吃饭。看，一盘萝卜丝多神奇，帮我‘抓’了这么多客人！”

北京五店的李小梅说：

“一个大姐来用餐，看等座的人很多，要了号后问我，这附近哪有理发店，她要去洗个头。我就把大姐送过去了。可是回来后不久就下起雨，我想到她没带雨伞，回来一定会淋雨，就又跑过去给她送了一把伞。后来，那个大姐来我们店很多次，有一次还带来一件新衣服，说是她女儿买的，穿着不合适，非要给我。”

海底捞的客人就是这样一桌一桌抓的！

把员工当成家里人

当过服务员的张勇知道，差异化的服务掌握在每一个员工手里。只有海底捞员工能动脑服务顾客，并且不怕犯“错误”——让公司吃小亏，让顾客占小便宜，海底捞才能感动顾客。

可这事说起来容易，听起来明白，做起来可就难了。怎样才能让这些背井离乡、在农村长大、家境不好、读书不多、见识不广、受人歧视、心理自卑的服务员主动为客人服务？

张勇说：“火锅是低技术含量的行业，比如，怎么端菜、点火、开门和打招呼，不需要专门技能，一般人稍加培训都能干；只要愿意干，没有干不好的，关键是愿不愿意。大多数服务员是迫于无奈才选择这个待遇低、地位低、劳动强度大的职业，所以干得不好。因此，要想让员工干好这份低技能的工作，关键点不应该放在如何培训员工怎么做这份工作上，而是要放在如何让员工愿意干这份工作上。只要员工愿意干，用心干，你就赢了！”

我问张勇：“哪个老板不想让员工用心工作？这是全世界老板都想征服的珠穆朗玛峰，可是真正做到的却凤毛麟角。你是怎么做的？”

张勇说：“我觉得人心都是肉长的，你对人家好，人家也就对你好；只要想办法让员工把公司当成家，员工就会把心放在顾客身上。”

哦，就这么简单？这不是常识吗？

家最能触动中国人的神经。中国人真有信仰的不多，家是绝大多数中国人的精神归宿。中国人一生的追求和荣辱都同家连在一起。家还有一个特点，就是公私不分。家的成员很多，地位有高有低，但每个家庭成员都愿意对家做出最大的贡献。

因此，什么东西同家连在一起，中国人就玩命了。20 世纪 50 年代，一首“雄赳赳，气昂昂，跨过鸭绿江，保和平，为祖国，就是保家乡”的歌，把战争同家连在一起，让武器装备落后的中国军人，竟然同以美国为首的联合国军打个平手，十几万中国军人的年轻躯体永远地埋在了异国他乡。

怎么才能让员工把海底捞当成家？

答案在张勇这里变得很简单——把员工当成家里人。如果员工是你的兄弟姐妹，到北京给你打工，你会让他们住到城里人不住的地下室吗？当然不会，因为在条件允许的情况下，你不忍心让他们住那种通风不好、又闷又热又潮的房子。可是很多在北京餐馆干的服务员就是住在北京的地下室，而他们的老板住在楼上。

海底捞的员工住的都是城里人住的正规住宅，里面有空调和暖气，每人的居住面积不小于6平方米。不仅如此，宿舍必须步行20分钟之内可到工作地点。

为什么？因为北京的交通太复杂，服务员工作时间太长，这些都还是大孩子的服务员需要充足的睡眠。由于海底捞租房如此挑剔，可选择的就只能是城里的一些好小区，所以就引起某些“高素质”居民的不满。

不仅如此，海底捞还有专人给员工宿舍打扫卫生，换洗被单；宿舍里可以免费上网，电视电话一应俱全；海底捞员工称他们的宿舍拥有“星级”酒店的服务！

让员工把公司当家不是说出来和教育出来的。人都不傻，事实胜于宣传。海底捞这些来自农村的员工的被窝里，在北京没来暖气的时候，还有公司给配发的暖水袋！有的分店，晚上还有专人把热水灌进去！是不是只有妈妈才会这样做？

如果你的兄弟姐妹从乡村来北京打工，你一定担心他们路不熟，会走丢；不懂规矩，会遭城里人的白眼。于是，海底捞的培训就不仅仅是工作的内容，还包括怎么看地图，怎么用冲水马桶，怎么坐地铁，怎么过红绿灯，怎么使用银行卡……

在访谈时，海底捞员工骄傲地告诉我说："我们的工装是100多元一套的好衣服，鞋子也是名牌运动鞋。"做过服务员的张勇知道，服务员的工作表面看起来轻松，可是实际非常繁重，特别累脚。

你的兄弟姐妹千里迢迢来打工，孩子的教育怎么办？于是，海底捞在四川简阳建了一所寄宿学校，海底捞员工的孩子可以在那里就读。

海底捞不仅照顾员工的子女，还会想到员工的父母。海底捞领班以上干部的父母，每月会直接收到公司发的几百元补助。哪个父母不想孩子有出息？可是孩子衣锦还乡的机会毕竟不多。然而公司每月寄的零花钱，却让父母的脸上放了光彩。中国人含蓄，中国的农民更含蓄，心里骄傲还不好直说，只说："这孩子有福气找到一家好公司，老板把他们当成兄弟！"难怪员工都把张勇叫成张大哥。

海底捞河南焦作店的徐敏说：

"我家在四川农村，家里条件不好，因此，我放弃了学业，刚来的时候我累得哭过，但我最终坚持下来了。我在海底捞已经三年了。这三年对于一个离家在外的女孩来说时间真是好长呀！三年里，由于店里生意太忙，都没能回家陪父母过春节，我觉得自己很不孝，我该如何补偿呢？

“海底捞给了我尽孝的机会，海底捞每年都组织优秀员工的家长去海南旅游。今年公司通知我，这次名额是我的！我马上给老爸去了电话，电话那边一直‘嘟嘟’的，我的心都快跳出来了，老爸你怎么还不接电话呀？喂？听到老爸的声音，我的眼泪不听话地往下流。爸，你听我说，我们公司安排优秀员工家长到海南旅游，也有你们。你和妈妈一起去吧！刚开始爸爸不同意，怕花我的钱，我说是公司报销。

“爸爸妈妈去了海南，第一次见到海。我好开心，更开心的是爸爸妈妈要来焦作看我，公司把车票都订好了。”

如果你的妹妹弟弟结婚了，你能让年轻的夫妇分居吗？如果妹夫没有工作，你能不替他着急吗？于是海底捞的人事政策又让人力资源专家大跌眼镜，海底捞鼓励夫妻在同一家公司工作，而且还给夫妻提供由公司补贴的夫妻房。

春节对中国人来说是最重要的节日，对农民工来说春节不仅仅是节日，也是他们生命存在的象征。为了一年一次的团聚，他们忍受着一年的辛酸、劳苦和春运的疲劳！可是中国春节法定的带薪年假只有三天。如果这些农民工是你的家人，你忍心只给他们三天假吗？

海底捞员工春节享受7天有薪年假。如果按每人每日基本工资40元算，每个春节海底捞要比国家法定假日多支付给每个员工160元，1万人就是160万！

看到这儿，人们一定会说，这些福利都需要钱呀，海底捞哪儿来这么多钱？

对了，海底捞在员工身上的成本绝对高于同行。但是如果没有继续问下面的问题，就说明你是一个一般的管理者。

这些成本能产出什么？

我的第二个家

家对所有中国人都重要，对农民工更重要，因为他们常年不在家，所以特别渴望家。因此，一旦把公司当成家，他们身上的能量就像“原子弹”一样爆发。

海底捞北京四店的王彩虹说：

“我是来自云南的一位阿姨，40多岁的我经历了婚变、背叛和诸多人间沧桑。半年前，单身的我经亲戚介绍来到海底捞，女儿则留在老家读初中，在亲戚家寄宿（因为我没家了）。我在海底捞北京四店工作，我是做保洁的。我在这里感到了久违的温暖，同事之间很客气，都管我叫‘阿姨’或‘大姐’。

“我特别感激大堂经理谢张华，我曾在她担任领班的那组担任保洁，她就像对待自己母亲那样对待我。她知道我舍不得电话费，就经常给我女儿打电话，叮嘱她努力学习，争取考大学。女儿每次来电话也都提起她。

“最难忘的是那天早上，我正在3楼拖地，同事们突然唱起了生日歌，接着谢张华端着果盘出现了，我当时就哭了。谢张华抱着我，祝我生日快乐，还管我叫‘妈妈’。此时，我真切地感到家的存在。我爱你，我的家海底捞，我爱你，我的女儿，小谢。

“上次汶川地震，有人捐给店里5 000元钱。店里考虑再三，决定把钱捐给家乡受灾、家庭最困难、工作最优秀的员工，最后选定了我。当钱送到我手里时，我真不知道该说什么。我现在快50岁了，我总在想怎么报答海底捞。在我有生之年，我要每天拼命端锅、扫地、拖地……只要我能干动的我都干，我没有半点怨言，因为这是我的第二个家。”

心理学揭示：当人用心的时候，大脑才能创造；当心里没有负担时，大脑的创造力最强。人做事一定是先用心，后动脑；心指挥脑袋。

请看海底捞西安二分店的清洁工张绍群是如何为这个家用心工作的，她说：

“海底捞是我们的家，家要过得兴旺，既要能赚钱，还要能省钱。海底捞每天要用大量的清洁用具，我有几个又省钱、效果还好的小方法跟大家分享。

“把几个用烂的拖把绑到一起变成一个大拖把，比新的拖把好用，擦地又快又干净。每天晚上把拖把洗干净拧干后，要倒靠着墙边放，这样拖把会用得更久。新扫把要用铁丝先绑一下，再用胶绳绑两道，洗干净后也要倒放，寿命会长一倍。不用的工作服可以做拖布，比买来的好用。垃圾铲没把儿了，可以把其他坏垃圾铲的把儿换上继续用。排推，一边没毛了，可以调过来反钉上再用，寿命提高一倍。厨房不用的钢丝球可以擦厕所，效果很好，但擦完后，要晾干。”

海底捞给员工提供了家的生活条件和工作环境，使很多原本坚持不下来的员工坚持下来了。于是在海底捞有经验的员工就越来越多。

海底捞西安物流站的魏义波说：

“我刚开始在海底捞后堂洗盘子，海底捞的生意太火爆了，每天有很多盘子要洗。从早到晚除了吃饭休息一下，其他时间都要站在水池边洗盘子。重心从左腿到右腿，再从右腿到左腿，晚上回到宿舍，小腿基本没知觉了。长时间地泡水，手都脱皮了。指甲缝间的皮肤溃烂了，明天还要继续洗，怎么办？晚上用卫生纸夹上，第二天早上，血和纸在指甲缝中结成一层厚厚的痂。

“我爱人不同意我来海底捞，说我不出一个月就得哭着回来，并赌气不给我打电话。结果，一个月过去了，我没有回家。给爱人打电话时抱着电话哭，但还是舍不得离开海底捞。他说，回来吧。我说，再坚持一个月；一个月过去了，我跟他说，再坚持一年。

“结果，爱人放下电话，把家里没长大的两头猪卖了，把没有收割的玉米送了人，买了车票也来海底捞打工了。

“一晃，5年过去了。我从洗碗工变成部门主管。是海底捞这个家把我这个只念过一年半初中、半文盲的人，培养成了独当一面的主管。”

如果问一个离家闯荡的人，什么时候最需要家？他们一定会说：生病时。

北京一店的王艳说：

“我来海底捞之前也曾在餐饮店做过，但都没做几天。我记得很清楚，我是2005年3月24日来到海底捞的。一进门，门迎组的员工上来就主动问我需要什么帮助。我那时胆子很小，有点害怕，我说，我来找我哥，他叫晋北春。

“我哥没来时，一个员工给我端来一碗热豆浆，我心里觉得好温暖。我到过很多地方打工，没见过像海底捞这样温暖的。我哥下来把我引见给大堂经理，她一点架子也没有，店里的人都管她叫彭妈。

“记得我有一次生病，病得说不出话来。彭妈半夜知道后，硬把我带去看医生。医生说再晚来一会儿，后果不堪设想。医院让住院，彭妈看我有些犹豫就马上说，小王别担心，天塌下了有店里呢。农村娃不容易，我知道你在想什么，住院押金我都交好了，你好好养病吧。

“我打吊针的时候，彭妈摸着我的手，她的手好凉好凉。那天很冷，她从宿舍出来得急，穿的衣服很少。我心里有好多话要说，可是什么都说不出来。就是想病快点好，好好干活儿，报答彭妈，报答海底捞。彭妈，你永远是我的好妈妈。”

这些员工的故事让我明白了——海底捞原来成了这些背井离乡打工者的第二个家。

人给家干活儿，自然不偷懒，不计较报酬，还要挖空心思干好。那些把海底捞员工挖过去的老板很快就发现，海底捞的员工在他们那儿不好使，原来这些员工在他们那儿没有找到家的感觉。

敢拼命的杨小丽

海底捞有近一万名员工，唯一的副总经理（总经理是张勇）是一位刚满30岁的女将，她叫杨小丽。海底捞出名后，她多了一件烦心事，就是经常接到一些猎头公司挖她的电话。

我问：“他们挖你的条件一定很优厚吧？”

小丽说：“对，都是百万以上的年薪外加股份。我跟他们说：不是钱多钱少的问题，你们不要再来电话了，我离开海底捞什么都不是，我不会离开海底捞的。”

我有点挑战似的问：“多少钱都不走？”

小丽盯着我的眼睛，说：“黄老师，我说的是真话，海底捞是我家，没有海底捞就没有我，我不可能背叛她；再说了，人给家干活儿和给别人干活儿能一样吗？”

张勇在简阳创办海底捞初期，在一个餐馆吃饭时，碰上一个非常勤快伶俐的服务员，叫杨小丽。这个小姑娘能引起信奉“顾客是一桌一桌抓来的”张勇的注意，显然不是一般服务员。张勇问她：“你每月在这里能拿多少钱？”

杨小丽说：“120 元。”

张勇说：“去我们那里吧，我们给 160 元。”

杨小丽笑着说：“谢谢你，我想想吧。”

十几年后，杨小丽说：“当时简阳餐馆服务员的工资平均价也就是 80 或 90 元，我因为干得好，老板给我 120 元。因此，我没把张勇的话当真；再说当时的老板对我很好，我没理由跳槽。后来，我们老板去广东开店，要带我走，我因奶奶反对没能去成。”

杨小丽的奶奶做梦也想不到，她为海底捞输送了一员大将。

杨小丽的家在四川农村。20 世纪 90 年代初，她的两个哥哥做蜂窝煤生意赚了不少钱，作为老小的她本不应出来打工。可惜，哥哥的生意失败，欠了一屁股高利债。为帮家里还债，这个从小是奶奶掌上明珠的小姑娘，来到简阳干起了服务员。

老板关店走了，小丽只有重新找工作。这时她想起张勇曾经说的话，可是已记不起张勇叫什么名，只记得是一个叫“海什么”的火锅店。

于是，杨小丽找到了叫海底捞的火锅店。一问，工资真是160元！杨小丽二话没说，当上了海底捞的服务员。小丽说，海底捞工资是高，但活儿也是真累。别的餐馆忙的时候是快走，在海底捞要小跑。第一个星期下来，差点儿没累趴下，好在工资高一倍，小丽咬牙坚持了下来！

快过年了，小丽没有回家的打算，因为往年过年，债主总是挤满屋子。一天妈妈来到店里，半年不见，妈妈憔悴不少。小丽赶紧拉妈妈进包间里问。原来，一个债主今年来得早，把家里所有值点钱的东西都拿走了。妈妈让小丽在城里想想办法，能不能借800元钱，否则别的债主打发不了。

中国女人是世界上最优秀的女人，杨小丽毫无疑问是中国女人的先进代表。海底捞每月发工资，钱在她手中从来没有超过半个小时，就进了海底捞旁边的邮局。小丽每月只给自己留10元，其余全部寄给家。

刚刚18岁的杨小丽，每天几乎除了上班就是睡觉，只认识一起打工的姐妹。可是人家都要回家过年，去哪儿借这800元？

女儿真是妈妈的小棉袄，没办法的女儿跟着妈妈哭红了眼。小丽送走妈妈后，张勇知道了此事。他让公司借给小丽800元。小丽万分感激地说：“每月从我工资里扣吧。”

张勇说：“扣了，你家不还是没钱？年底再还吧。”

过年了，公司发奖金。杨小丽知道肯定没自己的事，因为她的奖金要还那800元借款。可是会计找到她，让她去领奖金。

小丽不解地问:“我还有奖金?”

会计说:“张大哥说了,你家还债的800元由公司出,因此,你还有奖金。”

“从此,我就把海底捞当家了,谁要损害公司的利益,我敢跟谁拼命!”不到一米六的杨小丽说。

杨小丽说她敢拼命,此话一点不假。杨小丽18岁不到进了海底捞,19岁就成为海底捞第一家店的店经理;21岁时,海底捞到西安开店,她被派去西安独立管理海底捞的西安店。

21岁,如果是城里的独生女,杨小丽很可能还是衣来伸手、饭来张口的娇娇女。可她却是100多名员工的店长。100多人,整整一个连的兵力!真是自古英雄出少年。

然而英雄不是好当的。海底捞做的是餐馆生意,餐馆里除了吃饭,就是喝酒,而人喝高了容易出事。国外打架最多的地方是酒吧,中国就是餐馆,特别是海底捞这种营业到深夜的餐馆。

有时是客人之间打,但东西打坏了让客人赔,就可能演变成客人同店里打;而有时则是客人同店里直接冲突。在中国做餐馆,如果没有遇过打架,那一定是有菩萨保佑!

欺生和嫉妒在许多地方都存在,西安也不例外。有时候纯粹是地痞流氓欺负人,有时候一些不地道的同行也会找别扭,特别是当海底捞的店越做越火的时候,麻烦自然就多起来。

一天,三个喝多了一点的男人同海底捞的服务员吵起来,并且动手连打了两个女服务员。海底捞的男服务员不干了,把三个人打了一顿。结果，三个人走时扔下一句话：“你们等着！”

不到三个小时，来了两辆卡车，跳下60多条手持棍棒的大汉。条件是：给5万元赔偿；要不，就砸店！

海底捞马上拨打110报警，可是110来，还要有一段时间，这段时间他们把店砸了怎么办？

此时，只有此时，才是考验真金的时候！杨小丽真是敢拼命的人。她一声令下，100多名员工冲出店！男员工在前面，女员工在后面；她，一个不到一米六,21岁的小女子，站到了中间。

俗话说得好：凶的怕不要命的！仗势欺人的人，心总是虚的，那60多条大汉站在马路对面，硬没敢过来！

我问杨小丽：“你当时害不害怕？”

小丽说：“忘了害怕。当时就想一件事，这个店装修花了那么多钱，绝不能让他们砸！”

我又问：“他们过来你们真敢打？”

小丽说：“他们要动手，那就没办法了！”

我倒吸了一口冷气，都说川军善战，没想到川军的娘子军更凶。那些人还真识时务。

附近派出所的三个民警先赶到，见到这个阵式也急了，忙站在中间调解。一会儿，三辆110车响着警笛赶到。对方散了，杨小丽和一些男员工被带到派出所。

我问：“警察对你凶不凶？”

小丽说：“刚开始凶，后来问我们餐厅谁负责。我说是我。

他们看了我的身份证，感到好奇怪，问我们老板是谁。我说是张勇，在四川，西安我说了算。之后，他们就开始跟我聊天儿了。”

我能想象：那几个警察一定是让这个小姑娘给迷住了，忘了正经录口供。

然而，这还不是杨小丽唯一一次进公安局协助调查。海底捞进入西安十几年了，共有 8 家店，杨小丽遇到过很多次打架的事。

小丽跟我讲，2004 年海底捞成立 10 年，有一天她突然接到一个老顾客的短信：祝你娃儿生日快乐。

“我蒙了，我那时不仅没小孩，而且还没结婚。看到后面的短信，我哭了。后面的短信是，祝海底捞诞生 10 周年！

“这句话说出了我同海底捞的关系。真的，在我心中我早已把海底捞当作生命的一部分，我的青春、时光、情感和奋斗，都跟它分不开了！”

其实，为了海底捞这个家，敢打仗的女孩不只杨小丽。

上海五店的赵蒙说：

“我来五店有半年多了，曾听说店里打过几次架，但我总觉得打架跟女孩子沾不上边。可是，我错了。

“那天我值夜班。早上 5 点钟，天快亮了，大厅只有两三桌客人。突然 28 号桌的客人摔起了杯子。我当时心里有点儿火，虽说杯子不是很值钱，但也是我们用汗水换来的。服务不好，可以提意见嘛！但转念一想，也许他们喝醉了，只要不是故意闹事就好。看他们已经结账，我心里的紧张渐渐消失了。

“可是他们走到电梯口时却突然对我们同事动起手来，并且摔我们的发票机。我们几个女孩什么也不顾了，冲向电梯口跟他们搏斗，但是他们人多，还是男的，我们打不过他们。他们看我们惨败的样子，露出嚣张的奸笑，那是我见过的最丑陋的男人面孔。当他们要走的时候，我们又冲上去，死死扭住他们一个。当警察和我们男生从宿舍赶来后，他们最终赔了我们7 000元。虽然只有7 000元，但也是我们努力追回来的一点损失。

“仗打完后一片惨状，看着同事头上的伤和地下的血，我很奇怪我第一次打架怎么没有一丝恐惧。此刻，我突然明白了，因为我已融入这个海氏大家庭，把自己当成家庭的一员，所以在危险的时刻，没有逃避退缩。”

背井离乡的农民工，在城里找到第二个家不容易；为这个家他们都敢拼命，更别说多干点活儿了！

人不仅需要温饱和爱

孟子说：“食而弗爱，豕交之也；爱而不敬，兽畜之也。”用今天的话说就是，“养而不爱，是养猪；爱而不敬，是养狗”。

人呢？最难养，只给温饱和爱还不够，人还需要尊敬。

什么是对人的尊敬？见老板鞠躬给领导鼓掌？那不是对人的尊敬，那是对地位和权力的尊敬。对人的尊敬是信任。

信任你的操守，就不会把你当贼防；信任你的能力，就会把重要的事情委托给你，这才是对人的尊敬！人被信任了，就有了责任感；于是，士为知己者死，才能把公司的事当成家里的事。

在海底捞，员工不仅比其他餐馆吃得好、住得好，还能得到公司的信任。

把员工当成家人，就要像对家人那样信任员工。信任不是说出来的，而是做出来的。信任的唯一标志就是授权。如果你亲姐代你去买菜买肉，你还会再派一个人跟着去监督吗？

当然不会，所以张勇在公司的签字权是100万以上；100万以下是由副总、财务总监和大区经理负责；大宗采购部长、工程部长和小区经理有30万元的签字权；店长有3万元的签字权，这种放心大胆的授权在民营企业实属少见。

如果张勇对管理层的授权让人吃惊，那么他对一线员工的信任更让同行匪夷所思。海底捞一线的普通员工有给客人先斩后奏的打折和免单权。不论什么原因，只要员工认为有必要都可以给客人免一个菜或加一个菜，甚至免一餐。这等于海底捞的服务员都是经理，因为这种权力在所有餐馆都是经理才有的。

2009年春天，我把张勇请到北京大学给MBA学生讲课，一个学生问张勇：“如果每个服务员都有免单权，会不会有人滥用权力给自己的亲戚朋友们免单？”

张勇反问那个学生：“如果我给了你这个权力，你会吗？”

整个课堂200多个学生，一下子鸦雀无声。

是呀，扪心自问：你忍心辜负这样的信任吗?

其实，每个人心里都有一块芳草地，绝大多数人都会知恩图报，不愿辜负别人的信任。

做过服务员的张勇明白：要让员工的大脑起作用，还必须给他们权力。因为客人从进店到离店始终是跟服务员在打交道，任何餐馆客人的满意度其实都握在一线员工的手里。如果客人对服务不满意了，还要通过经理来解决，这个解决问题的过程本身又会增加顾客的不满意。

因为人在等候悬而未决的事情时，心里总是焦虑的。所以把解决问题的权力放在一线员工手里，才能最大限度地消除服务中的不满意。更关键的是，每桌客人的喜好只有服务员最清楚，只有服务员才能一桌一桌地感动客人。

西安海底捞店的小李谈到她使用授权的经历时说："一个顾客从洗手间出来，由于我个子低，接菜的时候把鸭血洒在客人身上，客人很不高兴。我马上找来干净的工服让客人换上，要把客人衣服送到干洗店加急干洗。客人看我急成那样，就说：看你态度这么诚恳，算了吧。我给客人擦干净后，看客人喜欢吃炸干馍，就送了一份干馍给客人。客人走时很满意。"

我问小李："你要给客人干洗，干洗费店里能出吗？"

小李说："我当时没想，但我知道肯定能出，至少店里出一部分，我自己承担一部分。"

西安海底捞二店配料房的小马说："因为工作失误，我把客人要的大份猪蹄配成小份猪蹄，客人发现后不满意。我一看单子，是我疏忽了，马上给客人上了一份大的猪蹄，并自己端过去跟客人承认错误。等客人快吃完时，我又特意要了一份香蕉酥，送给客人吃，再次希望客人能原谅我的过错。"

上海三店新员工小李说："我上班第二天，客人刚吃就在火锅里发现两根头发，我吓坏了，马上给客人换上新火锅，并送给客人两份拉面，客人没发脾气。"

北京三店的王欢说："我上个月是这样抓到一桌客人的，他们是四个大人两个小孩，6点钟吃饭，他们其中一个人5点就来等位。人来齐了，他们点了很多菜，我估计他们肯定吃不完，可是当时很忙，就忘了告诉他可以点半份菜。可是锅子上来了，我看客人等了那么久一定很饿，就没有让他们重新点菜。但是我把单子交给厨房时，把他们点的肉类菜都换成一份或半份。等菜上齐的时候，我问他们够不够，他们说够了。于是，我跟他们解释，那些肉菜给他们减了分量，他们很高兴。"

海底捞有没有滥用这种授权的员工？有，但只是极少数。

聪明的张勇是个抓西瓜、丢芝麻的人，他没有像大多数企业那样，为了杜绝少数极端自私和道德不端之人的做法，而放弃对绝大多数员工的信任。他知道海底捞的服务差异化掌握在每一个员工的手里，如果没有对基层员工的大面积授权，怎么可能一桌桌地抓到客人？

当然，权力不论大小，没有制约都会被滥用，哪怕是极少数人的滥用，得不到有效的制止，也会形成风气。

海底捞是如何监控这种员工被大面积授权的？那就是海底捞特殊的干部选拔制度：除了工程总监和财务总监之外，海底捞的所有干部都必须从一线服务员做起。这条晋升政策甚至极端到包括厨师长在内，原因是不论你的厨艺多么好，没有亲自服务过客人，就不知道服务员需要什么样的后厨支持。

像张勇、杨小丽一样，管理 2 000 多名员工的北京大区总经理袁华强，也是从门童、服务员一路做起来的。至今他还骄傲地说："我是一流服务员，我一个人可以同时服务 4 张台。我眼睛扫一圈，就基本知道客人需要什么。"

这样的管理者对什么时候必须用免单这种极端方式让客人满意太清楚了。因此，有心作弊的员工能骗过他们一次，但不可能逃过第二次。英国有句谚语，"只有傻子才能让你骗两次"。

除了有效的监督之外，人的自律也使海底捞员工的免单权没有大面积被滥用。人都有邪恶和正义两重性，生存环境使他们不自觉地把这两重性表现出来。

孟子说：君之视臣如手足，则臣视君如腹心；君之视臣如犬马，则臣视君如国人；君之视臣如土芥，则臣视君如寇仇。海底捞把员工视为姐妹手足，员工自然把海底捞当成心肝来呵护。我估计那些被员工偷垮了的餐馆，员工在那里很可能受到了土芥般的轻视。

将心比心，如果你既感激这个公司，又珍惜这份工作，多少钱才能让你背叛？

并不是所有人都值得信任

权力没有监督一定会被滥用。其实，权力有监督也会被滥用，只不过滥用的程度不同。海底捞也有滥用权力的员工。

当海底捞赋予服务员给客人免单权的同时，就意味着公司必须要承担极少数有劣迹的员工滥用权力的风险；同时，还必须承担当少数人的滥用得不到制止时，权力有可能大面积被滥用的风险。因此，海底捞这种剑走偏锋的管理方法，无疑对海底捞的管理流程、监察制度和员工素质提出了更高的要求。

滥用权力的员工一个最通常的做法就是“吃单”。吃单有很多形式，比如，下馆子的人有相当一部分不会仔细审单，特别是公款请客；加之，吃火锅点的菜又多，即使是审单，往往也审不清楚。于是，有些服务员就把客人没有吃的菜加上，然后把菜再退回厨房。请记住，海底捞是允许把客人没有动过的，但已端上桌子的某些菜退回去。可是菜退回去了，钱应该退给客人才对，可是有些服务员把钱退进了自己的口袋！

也有的服务员跟收银说，由于什么什么原因，他给客人免一个菜，可是他向客人收的却是全款，他把免单的菜钱“吃”了。

还有，脑袋比较笨的作弊者，直接趁着晚上用餐人多，结账来不及同后厨对单的漏洞，把客人没退的菜直接说成退了，然后，把退的菜钱自己吞了。

另外，海底捞的服务经常能感动没有给小费习惯的中国消费者，结账时留下一些零钱，于是，也有人把客人不要的零头，揣进了自己的腰包。

正是由于上述这些漏洞难控制，所以那些学海底捞的餐馆还是始终把免单权按照传统做法，交由少数高层管理人员行使。这样做的好处自然是避免了这种漏洞，但坏处是，他们的员工也没了海底捞员工的激励。

有上述行为的员工虽说是极少数，但抓不住就有可能变成大多数人的行为！于是，海底捞的挑战就是，怎么才能把这些害群之马挖出来？

我问曾是海底捞最年轻店长的林忆：“你是怎么防范有人吃单的？”

今年才25岁的林忆，面对这个问题非常胸有成竹，她说：“对海底捞的干部来说，这是最基本的控制问题。否则，一旦形成风气，海底捞将不是海底捞。我们有一整套很成熟的系统：首先，海底捞员工的主体是向上的，是相信用双手改变命运，把海底捞当成家的；家好了，自己自然就好了。因此，即使有人想这么做，他也会顾及被同事发现。另外，我们有为举报人保密和奖励举报人的制度。我们这些服务员都是刚走入社会打工的青年，不是江洋大盗，做一点亏心事，脸上就不自然，因此，同事很容易发现。我们也有一套非常成熟的监察流程制度，比如这个店对不上单的情况超出正常范围，那一定是有人吃单了，于是，管理人员排查一遍，差不多就八九不离十，剩下的事就是举证了。”

我问：“你们还举证？”

小林忆说：“当然要举证了，我们这些服务员都是年轻人，如果冤枉了人家，人家想不通，就可能要出事。所以，我们对证据非常重视。比如，前年我下面的一个优秀员工就曾被人举报吃单，我怎么也没有想到他会干这种事。于是，我启动举证程序，找了两个朋友试他两次。结果，他真的把一份客人退了的肥牛钱——40 元‘吃’了。于是，我非常非常难受地把他解雇了。半年后，他还打电话给我，要回来上班。我跟他说，你触犯的是公司的高压线，没有任何挽回的余地。你以后在别的地方，一定要改掉这个毛病，我会替你保密的。”

我问林忆：“你为什么还对他这么好，这样鼓励和安慰他？”

“我相信很多人是因为年轻，一时糊涂禁不住诱惑才这样做的。如果炒了他，还不给他一点精神上的关怀，他就没希望了。”林忆毫不思考地回答我。

这个来自陕西农村、只读过初中的小女子，又一次向我验证了：“让人成熟的不是岁月，而是经历！”我跟林忆说：“我一定请你讲一堂如何激励大多数人努力工作，同时又防范少数人滥用权力的课。”

我又问：“干这种事的是男孩子多，还是女孩子多？”

林忆哈哈笑了，说：“当然是男员工多。男的胆大，好走捷径。举个例子，我们有一个男员工，收了客人1 000元的买单钱，干脆没有交给收银，自己回到宿舍，收拾好东西跑了。不过也有女孩子犯这个毛病。去年，有一个女员工，也‘吃’了单。我一跟她谈，她就承认了。她哭着跟我说，是弟弟正在读大学，缺钱。我跟她说，你缺钱可以向公司借，但不能做这样的事。考虑她是大学毕业生，我给了她一次机会。可是，不久她在宿舍又偷同屋的钱，人家把钱做了记号，当场翻出来！因此我们只能把她辞退。辞退时，她都崩溃了，在宿舍里裹着被子要自杀，闹了整整两天。我们派人看着，最后把她家长请来，她才走。”

人多，素质低的人的绝对数量也就多。

海底捞现在有一万多名员工，如果按照这个收客人钱就跑和那个女大学毕业生的道德水平和法律意识设计管理制度，海底捞怎么可能为员工授权？

无人看管的面包圈

我同几个餐馆老板聊天，他们说海底捞的方法，除了员工的免单权之外，其他都容易学。

有个老板说："别说普通员工，花30万请的大厨，我都不放心。有一次我有病住院，鱼翅没货了，让他去订。结果只一次，他就吃了1万元的回扣！"

为什么张勇不怕员工假公济私？因为他对人的假设同这几个老板不一样。他认为大多数人是有道德自律的，所以滥用权力的是少数；如果监控得法，滥用的人就更少。因此，授权就利大于弊，因为大多数员工感到信任，受到激励，工作会更努力，处理客人投诉会更有效，顾客满意率也就更高。

张勇对人性乐观的假设，恰恰被一位美国的经济学家——保罗·费德曼的研究得到证实。他的研究结果被《魔鬼经济学》一书收录其中，因此广为人知。保罗·费德曼曾经领导一个研究所为美国海军分析武器开支。这个研究所的收入来源于各种各样的研究项目。每拿到一份研究合同，费德曼总会买点儿面包圈让大家吃，当作一种奖励。

后来费德曼渐渐养成了习惯，每到星期五都会买一筐面包圈放在办公室让大家吃。办公楼里其他单位的员工知道了，有事没事也都过来拿几个面包圈，筐很快就见底了。费德曼下回只好多买些，最多的时候，一周买来100多个面包圈。

为了收回面包圈的成本，他在面包筐旁放了一个装钱的篮子，上面标有价格。结果这个没人看守的收款篮收回了95%的面包钱。费德曼感到很高兴，认为自己验证了人们的道德自律。至于没有收回的5%，他相信只不过是有些人一时疏忽，或没有零钱才没有付。

后来，费德曼决定辞掉研究所的研究职务，专门卖面包圈。费德曼开着车专门给办公楼送面包圈。一大早，他将面包圈和一个用来装现金的篮子放在不同公司的茶水间，等到午餐后再回来取钱和剩下的面包圈。

他的经济学家朋友们都认为他疯了，因为根据“经济人”的说法，人们肯定会把大部分面包圈偷走，他会赔得倾家荡产。可是费德曼却很有信心，按照自己的方法做了下去。出乎朋友们意料的是，尽管费德曼收回的钱没有在研究所里的多，可是也能达到87%的比例。几年间，费德曼每周将8 400个面包圈送到140家公司，他赚的钱和原来当研究员时一样多。

卖面包圈的同时费德曼也不忘自己的经济学家本行，他把自己的生意当作经济学实验，详细记录下每一份数据。费德曼发现，通过测算实际收到的钱和应该收到的钱之间的差额，他可以很好地考查不同顾客的诚实度。

人们会偷面包圈吗？是什么因素决定了有些人白拿、有些人付钱、有些公司的人比别的公司的人诚实？

数据表明，小公司的人要比大公司的人诚实。一个只有几十名员工的小公司付钱率通常比几百人的大公司高出3到5个百分点。这有些出乎费德曼的意料，因为他觉得越大的公司就会有越多的人围拢在面包篮子旁，也就有更多的目击者促使你把钱扔进钱箱。

然而事实却不是这样。在较小的团体里，你如果做了一件不起眼儿的小事，马上就会尽人皆知，所以人们谨言慎行。而在一个大公司里，即使你拿了面包圈不给钱，谁又知道你是谁呢？这个道理也可以套用到社会上。农村的犯罪率要远低于城市，这在很大程度上是因为，在农村犯罪会更容易让乡亲们知道，这就是环境对人们的道德所造成的影响。

海底捞允许同乡、朋友和亲戚在一起工作，这恰恰加强了员工的道德自律性。

基于观察，费德曼还认为士气是一个非常重要的因素。一个热爱工作、喜欢老板的员工会更诚实。

毫无疑问，海底捞让员工有家的感觉，令员工士气高昂，滥用权力的员工自然少。

至于在一个公司内部，费德曼则相信级别越高的人，发生白吃现象的越多。他曾经长期向一家占据在三个楼层的公司送面包。其中位于顶层的是管理层，楼下两层是销售、服务和行政的一般雇员。楼下收钱的比例明显比楼上高。费德曼猜想，因为这些高层管理人员具有过分的控制欲，所以容易发生不诚实的行为。不过有人刻薄地说，也许不诚实正是这些人挤进管理层的原因。

数据同时反映出个人的心情也会影响诚实度。比如说天气就是一个主要因素。好天气能让人们付个好价钱。坏天气，比如刮风下雨时，人们则白拿的多。

这一点又符合了海底捞的情况，在海底捞工作，服务员容易有好心情，因为绝大多数的客人都会对海底捞的服务表示赞赏，任何人受到赞赏，心情都会好。

最有趣的是节日也会影响人们付钱，有些节日让人变坏，有些节日则让人学好。圣诞节前一周的付款百分比下降了 2%，感恩节也不好，情人节也不怎么样。好的节日是 7 月 4 日（美国独立日）、劳动节、哥伦布日。“9 · 11”周年，人们表现得也相当不错。为什么不同的节日，人们的表现不同？费德曼发现，偷窃较少的节日是那些令人产生集体荣誉感的日子。偷窃较多的节日则是那些充满了焦虑和对所爱的人满怀期待的日子。

影响人们诚实的因素有环境方面的，也有情绪方面的，但是让费德曼最为兴奋的不是他发现了人们为什么不诚实，而是在利益诱惑下人们仍然能够保持诚实。尽管有些人从他那儿偷面包，但绝大多数人即使在没有其他人在场时，或者阴天下雨、圣诞节的时候也没有白吃。

古希腊哲学家苏格拉底的学生格劳康曾经描述过这样一个故事：有一个正直淳朴的牧羊人在地洞里获得了一枚巨人的戒指，从此具有了隐身的能力。原本诚实的牧羊人偷窃了珠宝，引诱了王后，杀死了国王。故事提出了一个道德问题：人是否都能抵挡诱惑，尤其是当他知道这些行为不会为人所发觉的时候？

费德曼找到了答案，人们可以做到诚实。至少在面包圈问题上，他有87%的把握。

张勇用海底捞的实践证实了费德曼的理论。至少海底捞的上万名员工作为一个整体，没有滥用授予他们的权力。

任何管理都需要激励与监控；不同的管理方式，源于对人性的不同假设。在现实中，每个管理者都会根据自己对人性的判断，选择胡萝卜多一些，还是大棒多一些。

好的管理一定是激励为主，监控为辅，这样才能让大部分员工感到被信任。人被信任了，就会“士为知己者死”，管理就事半功倍。

坏的管理一定是监控为主，激励为辅，用防贼的方式监控员工。人被看低了，士气自然就低，管理就事倍功半。

罗马天主教教会的管理效率最高，总主教同教徒之间，只有两个管理阶层：地区主教和教堂神父。因为教会的管理者们相信，源于对上帝的敬畏，绝大多数教徒的道德自律性较高。

监狱的管理效率最低，因为监狱管理者相信绝大多数罪犯都是道德自律最差的人，必须24小时监控。一个美国罪犯每年的平均管理成本是5万美元，这相当于一个美国中产阶级家庭全年税后收入的1.5倍。

信任让人笑

对员工信任的唯一标志是授权。很多公司用上百万的年薪挖来职业经理人当总经理，可是这个总经理连5万元的签单权都没有，这叫什么信任？相反，海底捞的普通服务员有给客人免单的权力，这才叫真信任。人有权，才有胆；有胆，才不怕犯错；不怕犯错，才能创新。

聪明的管理者能让员工的大脑为他工作，当一个员工不仅仅是上级命令的执行者时，他就是一个管理者了。海底捞对员工的授权，等于让人人成了管理者，海底捞其实是由一万个管理者组成的公司!

如果把员工的心留下，再把权力交给员工，员工的脑袋就开始创造了。这就是海底捞创造出那样多“变态”服务的根本原因。

张勇跟我说:“创新在海底捞不是刻意推行的，我们只是努力创造让员工愿意工作的环境，结果创新就不断涌出来了。没想到这就是创新。后来公司大了，当我们试图把创新用制度进行考核时，真正的创新反而少了。因为创新不是想创就能创出来的，考核创新本身就是假设员工没有创新的能力和欲望，这是不信任的表现。”

海底捞员工的收入和地位肯定不如五星级酒店，可是他们比五星级酒店的员工要幸福，至少是在工作的时候。为什么？

因为他们的笑容要比五星级酒店的员工真诚。

心理学告诉我们，真笑来自内心，人不幸福，不可能真笑。

我们在研究海底捞案例时发现，这种真笑同海底捞对员工的授权有直接关系。中国的服务员社会地位低下，服务出错，往往会引起客人发脾气，甚至遭到谩骂。可是如果服务员能马上用实际行动——免个菜，打个折，表示歉意，正常人都是不打笑脸人的。少挨人骂，自然就高兴。

笑能传染。海底捞服务员的笑感染了不习惯笑和不习惯友善对待服务员的顾客。几乎所有海底捞的顾客都能感到自己笑得多起来，对海底捞服务员的态度也比对别的餐馆服务员要好一些。顾客的友善对服务员是精神回报，因此，海底捞的服务员得到了顾客的鼓励，笑得不仅更多更甜，对顾客的服务也越来越体贴入微和花样翻新。

北京五店服务员刘红利发现一个顾客的小孩穿着旱冰鞋，上洗手间时没招儿了。正当他和爸爸着急时，小刘从更衣室给他找出一双员工鞋换上。小孩从厕所里出来，提着裤子笑了，穿着那双工鞋不愿意脱下来。

一家客人带着残疾孩子来吃火锅。刘红利看大人边涮火锅边喂孩子忙不过来，就主动帮他们喂残疾孩子。餐后，他们一定要让刘红利去家里做客。

北京二店客户经理吴功琼，发现一个顾客从吧台经过时不小心把脚崴了，她马上找来凳子，让客人坐下，并找来白酒用火烧着了，用手沾着酒给客人揉脚，客人很感动。

西安四店门迎哥王英，发现一家客人等座时小孩闹着不吃火锅，要吃馄饨，就主动跑到外面买来一碗馄饨，送给小孩吃，小孩吃完还要吃火锅，结果全家大喜。

北京六店领班马涛得知客人张姐的母亲在协和医院住院，客人很想买海底捞的三鲜汤给母亲炖东西，但考虑家离医院较远很犹豫。张涛主动要求明天把炖好的汤给客人母亲送到医院。第二天她熬好汤还特意带上水果去协和医院看张姐母亲，当时病房的其他病人和亲属，都喝了海底捞的三鲜汤。

焦作店一位老爷爷腿脚不灵活，吃完火锅想去厕所，门迎赵明星和保安梅伟把老爷爷背到洗手间。老爷爷回到包间后，告诉他儿子和媳妇，你们以后要吃火锅不许到别的店。

北京六店领班彭梅，无意中看到客人桌上的结婚请柬，得知客人是 12 月 12 日结婚，当天她特意买了玫瑰花给客人送去，客人和亲朋好友都感到太意外了！

西安四店服务员郑娜在接待一桌客人时发现他们是给一位孕妇过生日，她马上让后堂按自己家乡的传统给孕妇准备了一个生日礼物：苹果、莲子、花生、大枣各两个，还有一幅宝宝画。

北京五店的黄小蓉，做得更出位，她利用自己的假期，花自己的钱，为一个生小孩的顾客送营养品。她坐了两个小时的公交车，到了顾客住的军区大院，军区大院管理得很严，她在门口等了一个小时才把营养品送给顾客。

我问她：“这个顾客你服务了几次？”

她说：“她怀孕时来吃饭，我就服务过一次。当时我跟她说，你生小孩时我去看你。如果我不去，她就会想是海底捞失信于她。顾客很惊讶，她问我路上用了多少时间，我说就一个小时。我给他带了海底捞的两袋底料和自己买的一盒补血的营养品，一共花了100多元。”

西安一店李巧玲跟我说：

“我来海底捞4年了，从来没有像10月18日下午那么伤心。晚上7点20分左右，来了一位叔叔说要订第二天晚上6点半的包厢。我跟他说现在都订满了，他就生气了，问订10天以后的有没有位？我跟叔叔说，您明天来找我，我一定会给您插空安排。但他不听，一直骂我浑蛋。他一边骂我，我一边跟他解释，可他却让我滚开。我说，您既然来了，就是海底捞的客人。我把自己的名字和电话写在名片上给他，他扔到地上；我捡起来又跟他来到马路上，他才收了我的名片，却说第二天他不会来。那天晚上我难受了一夜。

“没想到，第二天那个叔叔来了，他特意走到二楼跟我说：‘今天我来想跟你说一下，我昨天特别生气，可是看你跟着我这么远，我今天就来了。’”

什么是创新？别人骂你，你还管他叫叔叔就是创新！

服务员包丹发现吃火锅时手机容易弄脏，就想出用一个专用的小塑料袋把手机套上，此发明已成为中国高档火锅店的必备用具。

冯伯英发明了豆花架；蒋恩伯发明了方便上菜的万能架；曾长河发明了小酒精炉；李力安发明了给小孩使用的隔热碗；陈刚发明了切割豆花的工具，可以一次将豆花分成35块；胡明珠提出在门口等座区安装插座，让骑电动车的顾客在等候期间充电；擦鞋员张春风在擦鞋处准备502胶，以便修女顾客的凉鞋；吴用刚提出在洗漱处准备一次性牙刷……

上面这些一个个鸡毛蒜皮的创新，就是海底捞员工每天做的一件件小事。独立看起来，它们都微不足道。可是一万个脑袋要是天天想着做这些事，如果你是同行，你怎么跟海底捞竞争?!

“奖杯车”

如果说信任能让海底捞普通员工做出一点一滴“鸡毛蒜皮”的创新，那么信任就可以让海底捞的干部大闹天宫了。

21岁的杨小丽1999年被张勇派到西安海底捞店独立当店长。一个农村女娃第一次到大城市张勇不放心，亲自把她送到西安。经过行人高架桥时，看着鳞次栉比的大楼和眼花缭乱的车龙，张勇情不自禁地说，将来我们要是有钱能买一辆车，带着员工们到全国各地看看该有多好。

此时，恰巧一辆金杯面包车从桥下经过，杨小丽一下子就记住了她一生中的第一个汽车标识。尽管她不知道那辆车的品牌叫金杯，但她牢牢记住了那个奖杯的样子。

不到两年，海底捞在西安火了。西安海底捞店赚到钱后，杨小丽第一件事就去买了一辆金杯车。车买回后，她兴奋地给张勇打电话说，张大哥，我们终于有车了，我们买了一辆奖杯车!

张勇有些糊涂，什么奖杯车?听着听着才明白，原来是西安海底捞店买车了。那是杨小丽作为海底捞的一个店长（其实当时海底捞一共才三家店），在自己的权限内，竟然没有咨询老板张勇的意见，就给西安海底捞店购置了当时最大的固定资产。

这件事让人感觉张勇的性格中有些与常人不一样的东西，一个男人，自己的公司添置汽车，竟然让手下一个根本不懂汽车的小姑娘就这么决定了。

然而，信任是把双刃剑，用得好，能让人飞起来；用得不好，能把人压垮。杨小丽就差点儿没被张勇这种信任给压垮。

十几年过后，杨小丽回忆起那个阶段显得平静和老练，她说:“海底捞刚在西安开店，没人知道海底捞。大门打开，硬是没客人来，我真急死了。整整半年的时间，我天天待在店里，每天睡觉不到6个小时，体重降到不足40公斤。那种滋味真是难受，看着街上的人，我恨不得把穿戴不像农民工的人都拉进店里。”

杨小丽看我愣了一下，解释说:“火锅便宜呀，除了农民工，城里人都能吃得起火锅。除了没钱做广告外，我们什么办法都试过了，包括到街上贴小广告。”

我心里一笑，杨小丽绝对是营销中散打流派的代表！

小丽接着说：“我们的员工几乎都是农村来的，以为电线杆上那些办证、开发票、治性病的小广告可以随便贴，所以我就带着几个服务员也去贴小广告来宣传海底捞。第一天没事，第二天城管就把我们正在街上贴的两个姑娘抓回了餐馆。”

“一张小广告，罚款 20 元。”城管说。

我一看他们俩手里拿着 30 多张我们的小广告——要罚 600 多！我吓傻了。此时，还有三个姑娘正在外面贴呢，如果都给抓住，餐馆就要被罚黄了！我跟城管说：“我们仅开张三天，只做了三桌生意，没有那么多钱？”

“那就罚一半，按 10 元钱一张罚！”城管说。

我把收银机打开，说：“别说 10 元，就是一元一张我们也罚不起，不信你看看，就这么点钱。”

看着这个拒不缴罚款、两眼瞪得大大的四川小姑娘，两个城管走进柜台里，把营业执照从墙上摘下来，说：“把罚款凑齐，去城管所拿营业执照。”

我问杨小丽：“你为什么不少交一点？”

小丽说：“舍不得，再说满街都是小广告，为什么只罚我们，还不是看我们外地人好欺负?！”

人小鬼大的杨小丽干脆就没去城管，她去了工商局，要补办一个营业执照。可是很少有丢营业执照的，工商局问：“你的营业执照呢？”

“让城管给没收了！”杨小丽只得坦白。

工商局说：“城管没有权力没收营业执照，只有我们才有吊销执照的权力。不能补，你找城管去要吧。”

杨小丽没招儿了，带上两个服务员来到城管所，求人家说：“请把执照还给我们吧！老板让我管店，结果生意没做好，还把执照看丢了。你不给执照，我们就没饭碗了。”说着说着，杨小丽哭了，两个服务员也跟她抹眼泪。

我问小丽：“你真哭了？”

小丽说：“是，也不知道为什么，说着说着就委屈了。可能是远在他乡，生意不好压力大，还觉得受人欺负。”

城管说：“你们至少要交一部分罚款，才能给你们执照呀。”

小丽说：“我们真是交不起。再说，人家工商局说了，你们没权力没收执照。你要不给，我们就不走。”

4 个小时过去了，城管的一个科长看这三个哭天抹泪的姑娘既不缴罚款，也没有离开的意思，就说：“算啦，看你们是第一次，把执照给你们吧。我顺便去你们店看看，为什么你们的火锅那么好吃还没生意！”

原来小丽她们待在城管办公室的 4 个小时里，哭着哭着开始拉上了客户，把刚刚开业的海底捞描绘成西安最好吃的火锅。结果，惹得科长非要去尝尝不可！

小丽说：“那就是我们当时的工作状态，晚上说梦话都是：

姐姐，我们这里新开了一家四川火锅店，叫海底捞，请来尝尝吧！”

杨小丽三个人抱着执照，带着城管科长往餐馆走，走了30多分钟才到餐馆，城管科长一路听她们不停地说着奉承话和感谢话，到了门口才回了一句：“知道这么远，还不如坐车了。”

原来三个没有坐车习惯的姑娘，高兴得竟忘了请人家吃饭应该坐车才对。

做人的最高境界是无我，做事的最高境界是忘我。那时的杨小丽，一定是忘我了。

青出于蓝

贴小广告不行，杨小丽就和员工们用送豆浆的方式宣传海底捞，他们把豆浆用暖壶装上，去附近单位挨家挨户送给人家喝；上下班时，也去公共汽车站送。

小丽说：“谁赏脸喝我们一杯免费的豆浆，我们都很感激，因为很多单位连门都不让我们进。”

可是偌大的西安不缺一个火锅店，海底捞在西安的第一家店苦苦撑了几个月，客人仍然不饱和。

一天，杨小丽坐公车，看旁边有两个打扮入时的妇女，估计她们应该爱吃火锅，所以一路上就想跟她们说，来海底捞尝尝吧。可是实在不好意思，张不开口。

杨小丽说："我脸憋得通红，到站竟忘了下车。一看过站了，再不说就更亏了，我终于跟人家说了。那是我第一次在公车上给海底捞抓顾客！"

我问："你怎么说的？"

小丽说："我叫她们姐姐。她们刚开始眉毛都竖起来了，以为我是搞传销的或是骗子。我说，我们是四川来的，开了一家火锅店叫海底捞，味道挺好的，价钱也公道，请她们过去尝尝，然后把我们的地址和电话给了他们。"

"她们来了吗？"我又问。

"她们第三天真来了，我高兴死了！从此，我就不怕上街抓客人了。现在抓顾客的文化已融在海底捞人的血液里，因为海底捞创办初期没钱做广告，所有顾客都是这样一桌一桌硬抓来的。我们对面是一家很有名的老字号火锅店，吃饭时客人都去他们那里；他们那里没座了，才有可能轮到我们。

"有一天中午，我们店还有一张台空着。我看到对面一辆车停下来，下来三个人正往他们家走。我就跟一个服务员说，咱俩过去，看看能不能把他们拉过来。我俩跑过去，好说歹说，连拉带扯把他们拉进我们店。结果一问，他们就是我们旁边石油公司的。从此，他们就成了我们的常客了。"

望着眼前这位有过这样经历的姑娘，我不能不肃然起敬。真是青出于蓝而胜于蓝！她的老板张勇宣传海底捞时还需要找点借口，比如，海底捞在简阳刚开店时，张勇故意拿些零钱去银行存钱，在办理存钱业务时，趁机跟人家介绍海底捞。而她，一个21岁的农村姑娘，在西安的公车和大街上竟然直捣龙门为海底捞抓客户！

杨小丽看我有点走神儿。这个阅人无数的女子马上把我拉回来，她说："黄老师，你说这样费劲拉来的客人，我们怎么可能不把人家服务好？"

我精神一振，马上说："那是必须的。"

小丽又说："在海底捞做久了的人都养成了揣摩人心理的习惯。不出几句话，我们就能知道客人之间是什么关系。是公事宴请，还是朋友聚会；谁请谁，谁是主要人物。

"一天，我们一个服务员为一对刚谈恋爱的客人服务时，看出那男孩正在拼命追女孩。女孩顺口说了一句，天真热，要是能吃凉糕多好。服务员跟我说后，我让她搭着出租车去给他们买回凉糕。结果，这对恋人结婚时还专门给我们送来喜糖。"

经营好一个饭馆需要的不仅是顾客，还需要好的管理。

餐厅的采购永远是大难题。西安海底捞远离四川，西安店必须独立负责采购。火锅店的原材料采购极为复杂，蔬菜、副食、海鲜、肉类，不仅种类繁多价钱常变，而且都是个体供货。如何买到质量好、价钱适中的原材料是所有餐厅老板最头痛的问题。很多餐厅做不大的原因之一，就是老板不敢把采购权交给外人，因为这种采购太难控制。采购人员可能仅仅为了一包好烟，而给你买回一堆吃得下但不新鲜的蔬菜。

一个正规火锅店的采购量不仅巨大，而且繁杂。作为店长的杨小丽再不放心，也要授权别人去采购。这个才 21 岁的姑娘，虽然没有读过很多书，但 18 岁就在餐厅打工的她深深理解：疑人可以不用，但用人不可不疑的道理。

当海底捞优秀服务员被晋升做采购工作时，公司都会大幅提高他们的工资，同时也会明确告知他们："公司会用各种各样的方法经常调查你是否吃回扣；如果一旦发现吃回扣，哪怕是一斤肉，你都要被立即辞退，而且没有任何补偿。"

可是怎么调查采购员的职业操守？一年冬天，杨小丽为了检查一个采购人员的采购工作，特意买了一套大棉袍，把自己从头到脚打扮成一个老太太，在菜市场跟着这名采购人员买菜。他买什么，她也装着买什么。她不仅把每斤菜的单价记下来，还观察他同小贩的关系，然后，回到公司核对采购人员的报销。

逢年过节，她还故意以某些供应商的名义，给采购人员送礼、送红包，甚至向采购人员要银行卡号。一次，她亲自提拔并且非常信任的一个采购人员，收了她的"礼"没有及时上交。她马上组织采购人员开会，重申采购人员纪律——24 小时收到供应商的礼品不上缴，就属贪污！结果 24 小时过去了，那个采购人员真的没上交。

杨小丽说："开除他，让我难过好几天。他真是一个采购好手，公司花了很长时间和心血培养他！"

我问小丽："难道就不能再给一次机会？"

小丽说："那怎么行？这是海底捞的高压线，任何人都不能碰！否则别人怎么管？再说，作为采购人员，你拿着比别的员工高的收入，还不珍惜、不知足，这样的人就不应该是海底捞的人！"

我把这个故事讲给一个世界500强主管采购的高管，他听后，倒吸了一口冷气，说："在她手下工作的人，岂不压力巨大?！这个杨小丽可真神。"

其实，不是杨小丽神了，而是信任的神奇！是海底捞的信任，让她神了！

把他们当人对待

2010年4月，我带79岁的妈妈去海底捞吃饭。妈妈看服务员的时间，比吃饭的时间多。妈妈说："没见过这么朝气蓬勃的服务员！你舅舅来北京时，也带他见识见识。"

人是高级动物，不仅需要温饱和爱，还需要希望。有希望，再苦再累，活着都有劲儿；没希望，天天养尊处优，顿顿山珍海味，活着也没意思。

海底捞人的希望是改变命运。

什么人需要改变命运，当然是命不好的人。中国农村人的命普遍比城里人差，因此，农民最需要改变命运；也因此，才有几亿背井离乡的农民工。

张勇说："一个生在城里的青年，命运可能有多种变数；一个生在农村的青年，特别是贫困地区的农村，改变命运只有一条路，那就是要成为城里人。"

怎样才能成为城里人？

农民工不是城里人，农民工过年还要回家。只有把家安在城里，向城里人一样有自己的住房，自己的后代能在城里上学，才是城里人。

海底捞就是这样一个舞台。在这个舞台上，没有学历、没有背景、没有专长的农民工，只要肯干、能吃苦、忠于企业和不断进步，就能成为海底捞的干部和骨干，他们就能在城里买得起房子，他们就能改变命运。

海底捞员工入职培训第一天的第一句话就是：双手改变命运。

双手改变命运在海底捞不是一句口号，而是事实，因为每个人都必须用双手从服务员干起，只有能把顾客伺候好了，你才可能往上晋升。

海底捞员工的晋升途径是独特的，一共有三条：

一是管理晋升途径：新员工——合格员工——一级员工——优秀员工——领班——大堂经理——店经理——区域经理——大区总经理——海底捞副总经理。

二是技术晋升途径：新员工——合格员工——一级员工——先进员工——标兵员工——劳模员工——功勋员工。

三是后勤晋升途径：新员工——合格员工——一级员工——先进员工——文员、出纳、会计、采购、物流、技术部、开发部——业务经理。

学历在晋升阶梯上不是必要条件，工龄也不是必要条件。这种不拘一格选人才的晋升政策，给这些上不了大学、只能干最底层工作的农民工，打开了一扇窗户："只要努力，我的人生就还有希望。"今天我的领导就是昨天同我共睡一室的工友；今天管理20多家店的北京大区总经理袁华强就是我们村子老袁家的大儿子，他也没上过大学！

袁华强是杨小丽的徒弟，是四川宜宾人。从小务农，家境贫寒，19岁中专毕业后，2000年加入海底捞，从门童做到北京大区总经理只用了6年时间。

现在的袁华强，坐的是专职司机开的最新款的宝马；出国考察喜欢住丽嘉酒店；他把父母从四川山里接到北京，跟他住在望京地区200多平方米的公寓里；他的两个孩子跟北京的孩子们一起，而不是在专门给农民工子弟开的学校里读书。他读了北京大学光华管理学院的EMBA，30万的学费也是海底捞出的。

袁华强说："海底捞的任何员工只要正直、勤奋、诚实、好学，都能够复制我的经历。"

在海底捞改变命运的不仅是杨小丽、袁华强，23岁管理5家海底捞北京店的小区经理林忆，也来自陕西农村。16岁还没有身份证的她，拿着表姐的身份证到海底捞打工。她创了海底捞两个纪录——海底捞最年轻的店长和最年轻的小区经理。现在她手下管理的员工多达 900 多人。

2006 年 4 月 21 日，张勇写了一封表扬林忆的信：

> 杨小丽向我介绍林忆时，告诉我林忆事业心强，能适应各种不同的工作环境。今天我打电话向袁华强了解情况，顺便问了一下林忆的年龄，这才发现林忆经理只有 19 岁。我很难相信一个年仅 19 岁的年轻人能同时具备待人热情、做事果断的特征。听说她刚到北京时，因思家还哭过鼻子。但是在她担任经理后，她对待员工的一些不良现象强硬得像一把钢刀。
>
> 我不敢预言林忆能为海底捞做出多大贡献，但我知道她像其他店经理一样在默默辛苦地工作，我确信我们的林忆经理前途无量。

然而，这个“强硬得像一把钢刀”的小林忆，也有柔情似水的一面，北京一店的好几位员工是这样描述林忆的：

“我是刚到海底捞的新员工。上班第三天领班让我端水果盘，由于地刚刚擦过，很滑，我重重地摔倒了。恰巧被路过的林忆经理看到，她急忙把我扶起来，问我摔坏没有？我试着走几步，左膝疼得要命，但嘴上却说没事。林经理三下五除二，收拾了地上的碎盘子和摔烂的水果，对这些只字未提。然后她让我走走，发现我走路有点不对劲，便对我说，你到酒水吧后面的小屋等我。一会儿她拿来半瓶酒进来，见我站在那里，就赶紧搬个凳子让我坐下来，然后把我的裤腿挽起来。一看膝盖都摔青了，她就蹲在地上用酒给我揉，一边揉一边说，没事的，以后要小心。还疼吗？我心里的恐惧一下子变成温暖，眼泪流了出来。”

——许博

“去年的一天我扭了脚，疼得不能动了。但那一天让我深深爱上了这个家，那天晚上，我遇见了我一生都不能忘记的人。林忆姐左手拿着药走进我的宿舍，先把自己的手洗干净，然后把药放到手上，让我把脚伸出来。她边轻揉我的脚，边问还疼吗，直到药干，这一幕我永远忘不了。”

——于芹

这哪里是什么科学管理，这不就是用情感动人吗？这样的做法能变成制度和流程吗？如果不能变成制度和流程，靠林忆这样的管理者给人揉脚的个人魅力，海底捞能扩大吗？

其实，世界上哪有什么科学管理？管理永远是具体的，什么叫具体？就是管理日本人的方法，不适合管理美国人；管理工程师的方法，不适合管服务员；管理农民工的方法，不适合管城市工。

曾有一个管理创新论坛请张勇去分享成功经验，张勇说：“我们的管理很简单，因为我们的员工都是很简单、受教育不多、年纪轻、家里穷的农民工。只要我们把他们当人对待就行了。”

把人当人待，也算管理创新？

对，这就是创新！因为大多数企业就是没有把农民工当人！至少是没有把他们当成正常人！否则，凭什么都是员工，干的都是一样的活儿，他们就不属于正式工？凭什么正式员工要买保险，就不给他们买？什么是创新？与众不同就是创新。

当人对待！当什么人对待？这些人是一个特殊的群体，他们是背井离乡，受人白眼，在城里没有家、没有亲人的年轻人。这样的人，最需要的不就是情感的支持吗？

林忆，这个用双手给员工揉脚的经理，不恰恰给了他们最需要的东西吗？结果，水能载舟。这些农民工让这个23岁的小姑娘，当上了管理5个火锅店的小区经理。

第二章

双手改变命运

用麻将精神去工作！

其实在海底捞，成神的不仅是杨小丽、袁华强、林忆。海底捞很多店长都是20多岁的小姑娘、小伙子，甚至还有“90后”。他们每人都指挥着一二百人，每天营业十几个小时以上，接待着几百名顾客，每年创造上千万元的营业额！

有人说“80后”“90后”是垮掉的一代，可是海底捞的“80后”“90后”却早早成了社会的栋梁。这个现象真让城里的独生子和独生子的父母们汗颜。

海底捞的店长，不同于一般快餐店的店长。他们不仅仅要执行海底捞总部的流程和制度，还有打败对手的使命。打败对手的最有效策略，往往来自第一线的创造。

西安建国路海底捞店的店长方华强说：

“2004 年 9 月，一家著名火锅店在离我们不到 300 米的地方开了一家分店。我们的生意立刻淡了许多，显然它抢了我们的客人。

“在海底捞做店长真是很累，生意忙了累人，生意淡了累心。那段时间，我们天天琢磨着怎么把这家火锅店赶出建国路。我们坚信我们一定能打败他们，我和陈军帆几个人，几乎天天去那个店吃饭，研究他们的菜式和服务的优缺点，回来后就制定出针对性的对策。结果，2005 年 5 月他们终于熬不下去，撤了。

“这种胜利的喜悦让我每次回忆起来都很幸福，也让我很自信。我们终于没有辜负张勇大哥。当年海底捞进入西安时，就是开在当时西安最火的火锅店对面。在他的领导下，海底捞打败了对手，让我们在西安站住了脚。今天我们也同样能战胜对手！”

餐馆的管理看似简单，其实不然。餐馆的服务是一个系统工程，从采购、后厨、前厅、门迎、保洁、收银要一环扣一环；好的服务必须是各环节无缝对接，在分工的前提下，分工不分家。

比如一个保洁员刚把卫生清理完毕，正要去别的区域清理，这时恰巧有客人要加啤酒，可是附近没有服务员。此时，保洁员是先放下本职工作，给客人拿酒？还是找正在别处忙着的服务员去拿？再比如，后厨的本职工作是做菜和传菜，可是此时桌子上摆满了客人吃剩下的残羹剩饭，前厅的服务员忙不过来打扫时，后厨应不应该帮忙？

这两个例子代表了企业分工中最核心的问题——分工之后，

如何配合？边缘问题，谁负责？商学院把这种问题归为组织行为，有专门的老师教授这种课程。然而，我从没有遇到过任何教组织行为的老师能把这个问题，像下面这个二十几岁的海底捞员工讲得这么清楚。

他是海底捞上海五店的夏鹏飞，他说：

“我们四川人都喜欢打麻将，我认为只要拿出一半打麻将的精神，我们各部门的配合就会无缝对接。我以前喜欢打麻将，现在没时间打了，但我经常想麻将与我们工作的共同点。

“仔细想一想，其实打麻将包含了所有企业成功的精髓。任何工作都不是一个人单打独斗，要的是集体配合。比如，你坐在我对面，你洗牌时，牌掉在我脚下，谁捡？当然是我捡！因为早捡起来，早开局；早开局，我好早点赢钱。所以打麻将，不管谁掉了牌，都会有人尽快捡起来。

“但在工作中呢，你做错了，凭什么我来帮你？你弄掉了，肯定你捡，跟我有什么关系？可是海底捞是我们的家，一个人做错了，实际上跟大家都有关系，那么我们为什么不能用打麻将的精神来工作？

“打麻将的人从来不迟到，说好晚 8 点，可是刚到 7 点，三个人就先到了。剩那个人在路上，这三个人电话一顿催，快点来，三缺一！那个人敢说：急什么，不是 8 点吗？结果，平常舍不得打车，马上打个车跑来了，一看表才 7 点半。第一句话，肯定是：‘不好意思，迟到了。’

“为什么说迟到了？因为别人都比他到得早。

“另外，说好了12点收局，没到12点前，一定有人举手要求‘加班’。‘实在不好意思，今晚输多了，再打一圈吧。’打一圈就打一圈，你赢了别人输了，不打不好意思。所以打麻将通宵达旦是常事。而且，第二天很少有人抱怨自己又‘加了一个夜班’。

“另外，我发现打麻将的人从来不会抱怨工作环境。可是我们现在对生活和工作环境有多挑剔，什么宿舍空调太吵，洗碗时油太多呀，上班好累呀。你有没有见过打麻将的说，房子吊顶太矮、空调不够冷、桌子太脏？

“打麻将的人冬天捂着被打，夏天光着膀子打；没桌子把纸箱子倒放，放上板子就是麻将桌，洗脸盆垫上报纸就是凳子，麻将打得照样热火朝天。来一个兄弟说要请下馆子，四个人忙说改天改天。可是我们工作上能做到吗？做不到，但我们打麻将做到了。

“还有一个我觉得神奇的地方，打麻将用手就能摸得出来是什么牌。九万与七万,六条和九条，多小的差别呀，居然能摸出来！为什么？因为打麻将的人用心了，用心的人学东西就能学进去，大不了慢一点，但迟早能学会。我真佩服打麻将的人，那真叫用心来感受。

“想想看，如果我们用一半的心感受工作会怎么样？

“最后，我最最佩服的就是打麻将的人永远不抱怨别人，只

从自己身上找原因。你有没有看到打麻将输了钱的人说：‘哎呀，龟儿子瓜兮兮，跟我打麻将简直是抢钱。’

“输了钱的只会说：‘我今天好背。’上洗手间拼命洗手，回来后，在点儿好的人身上摸一把，再用别人的打火机点上一支烟，狠狠抽一口，但永远不会抱怨别人。”

好一个夏鹏飞！我把夏鹏飞在海底捞内刊上的这篇文章连读了几遍，每次都忍俊不禁。我会把这个段子，用在北京大学MBA的课堂上。在此，事先表示感谢！

我估计这本书出了之后，一定会有人引用这个段子进行管理培训。如果引用，请注明这是海底捞员工夏鹏飞的原创。

心理学告诉我们，年纪大的人，行为多出自习惯；年纪轻的人，行为多出自模仿和思考。正因为如此，革命者多青年。有这样思考的员工，当然会有与众不同的行为。

难怪海底捞的员工成了同行挖角的抢手货！

双手改变命运

管理者最难的事，是让别人相信明天的大蛋糕会有自己的一份。人的欲望都是无限的，没有公司能够给足员工今天想要的一切，因此员工在拿今天的工资时，眼睛一定看着未来。如果他们对未来有信心，今天干的活儿就会多过今天的工资；反之，今天做的工作就会等于或少于今天的工资。

张勇让海底捞的员工们相信了，双手能改变命运。如果我干得好，杨小丽、袁华强、林忆等人的今天，就是我的明天。

师洪桥是北京海底捞的一名普通员工，她说：

“小的时候，我们家很穷，就连一个鸡蛋都很难吃到。看到小朋友们吃冰棒和方便面，我很羡慕。他们偶尔让我舔一口，真是好甜好幸福。

“长大后，慢慢知道钱是什么。因为家里穷，我和哥哥的学费成了家里的大负担。每次开学，要先交学费，才能拿新书。看到别的同学看新书，我好羡慕，因为我和哥哥的书都是上一年级的学生用过的，是我们去他们家借来的。班里的同学经常嘲笑我们，有时会说，‘穷鬼，没钱还来上学’。

“直到初中，爸妈还在拼命赚钱供我和哥哥读书；最终，我和哥哥都考上了理想的学校。哥哥考上了理想的大学，我考上了我梦寐以求的护士学校。可是家里只能供一个，怎么办呢？

“那天晚上，爸爸哭了，跟我和哥哥说，你们选一个吧，我们只能供一个。妈妈看着我说，孩子，你就让你哥上吧。他是你爷爷的命根子，你爷爷生前就一直想让他上大学。

“我当时什么也没说，就把录取通知书撕了。

“过了几天，我就出来打工。刚开始在一个食堂洗碗，每月300元钱。我真是很高兴，从此爸妈不用那么辛苦了。我第一个月领工资，拿到300元，那是我第一次看到那么多钱，很满足。

以后，我每个月都给哥哥汇 200 元钱。

“后来，我叔叔从北京海底捞打工回来，他在那里很好，就让我妈妈和我跟他到北京。于是我和妈妈都进了海底捞打工。

“到了海底捞，懂了很多。现在拿的工资，除了给哥哥寄生活费外，还能给自己买新衣服和零食，我真的感到很幸福。

“父母虽然没有给我富足的物质生活，但给了我一双手，一双可以改变命运的手。我在海底捞一边工作，一边学习，我相信我可以用这双手改变我的命运，因为海底捞给了我目标，给了我空间，还给了我学习和生活的条件。我会好好在海底捞实现我的梦，我也会继续供哥哥读完大学。

“今年我们云南大旱，没有水，没法种庄稼，这更让我深刻体会到供我哥哥上学的担子有多重。但我不怕，我有一双手，我会在海底捞努力打拼，让爸爸妈妈过上好日子，让哥哥顺利完成学业。

“海底捞虽然苦，但我很充实。它让我有目标，让我有上进心，让我有干劲。我不怕苦，所以我希望海底捞的每一个员工跟我一起拼搏，一起努力，实现自己的梦想。”

北京八店的张海霞说：

“我是 2006 年偶然来到海底捞打工的。我以前从来没出过门，现在才知道什么是大城市，什么是同事，什么叫火锅。

“刚开始我很担心，我以前在家乡连小饭馆都没进过，一下子到一个有名的火锅店能行吗？培训的时候，李姐教我们认识菜品的时候，我只认识三四个。我很害怕自己被淘汰。是李姐的鼓励，让我坚持到最后。在李姐和同事们的帮助下，我终于学会了操作电脑。

“我成为海底捞的正式员工一晃两年了，我不仅认识了很多菜，还吃过很多没见过的好东西。一次一个员工过生日，我们大家去金鼎轩聚餐，一次花了600多。对以前的我来说，这简直是天文数字！如今我吃上了。

“我还学会了怎么对待新员工，怎样同别人成为朋友。我现在还学会了打扮自己，前几天和同事出去，我穿了耳眼，买了耳坠。我打算下次休假时，再买一双马靴和一条马裤。

“我现在学会了照顾自己和享受。以前休假只想睡懒觉，饿了也舍不得买东西吃。现在我会买点花生、火腿肠和水果。我还买了一副羽毛球拍，休息时打打羽毛球。

“以前在家我只会带孩子，不知道怎么教育，也不会做饭。因此我经常担心，像我这么笨的人，以后怎么生存，怎么把孩子养大？现在我不怕了，我在海底捞学会了好多好多。我庆幸加入了海底捞这个大家庭，我不会再为生存而发愁，不会因为没钱不能养孩子发愁。我真是很感激你，海底捞！让我真诚地向你说声谢谢！”

张勇啊，你积德呀！哪怕办海底捞纯粹是为了自己赚钱，你也给这些在海底捞打工的人带来了希望。

2009年10月，我请张勇来北大讲海底捞。一个在外企打工的MBA学生向他提问，她说：

“为了听你讲课，我特意去海底捞吃了两次火锅，每次我都问服务员同一个问题，你们这么热情，为的是什么？几个服务员都说，为了你能再来我们海底捞。我说，我再来，同你们有什么关系？他们说，海底捞生意好了，我们就好了！

“张总，我的问题是：你是怎么培训员工的，能让他们这样想？因为让员工能把公司好同个人好联系到一起，可不是一件容易的事。我是在外企负责人力资源培训的，这种境界是外企里中高层管理人员都没有的境界。”

这个同学说完后，张勇挠起了脑袋，他面带难色地说：“我没有这样培训他们呀！可能是我做了十几年海底捞，‘路遥知马力，日久见人心’，是事实让他们相信了海底捞生意好，他们就好的道理吧。”

坚持就是人民币

海底捞的确给肯干吃苦的人提供了改变命运的舞台，但一个人能不能在海底捞改变命运，则同他或她能否坚持，能不能不断学习和挑战自己有关。

我问前年才结婚的杨小丽：“按照农村人的习惯，你早该结婚生娃了。在海底捞这么多年，这么难，这么累，有没有想过不干的时候？”

小丽说：“有，我在海底捞最难的时候就是刚到西安。当时生意不好，压力大，而且那家店刚开始还是合资的，合资方是公家单位，他们也派人管。可是他们不懂行，净帮倒忙。比如：我虽是店长，但我买个水桶扫把还需要他们批准；我刚把员工的士气调整好，他们不经意的一句话就又把人心搞散。

“不仅如此，张大哥还总喜欢搞一些‘虚’的，经常指定一些书，比如,《把信送给加西亚》和《性格决定命运》等让我们读，还要求我们写工作日记和学电脑。那个阶段真压得我喘不过气来，要知道我是连初中都没毕业呀！”

我说：“那你怎么应付过来的？”

小丽说：“我给张勇打电话，我说我真干不来了，我不想做了。说着说着，就哭起来了，哭得喘不上气来。”

张勇说：“合资的麻烦由我解决，我已想好了怎么办。要么，由他们管；要么，我们管。生意不好，可以慢慢做；但人不学习，不行！你这么年轻，什么都能学会！”

小丽说：“我信张勇的话。在他的逼迫下，我开始学。那时海底捞西安店里没有一个人会电脑。我先花 30 元买了一个键盘，然后让餐馆旁边打字店的人教我打字；又自己花了 7 000 元买了一台电脑，上了一个月电脑班，学会了用电脑。后来，当公司上电脑系统时，我一下子就跟上了。现在也养成了记工作日记的习惯。”

与其说杨小丽跟上了海底捞的发展，还不如说海底捞跟上了杨小丽的发展。当杨小丽管好第一家店后，她突然发现她能管很多店了。于是，她一口气为海底捞在西安又开了7家店。

海底捞员工的离职率很高，但大部分情况不是海底捞淘汰员工，而是员工淘汰海底捞。因为做餐饮服务在中国人的眼里，毕竟是伺候人；加之工作累、时间长、工资低，很多新员工试了几天就走了。餐饮业是中国目前员工流失率最高的行业，餐馆员工的年流失率超过100%一点都不出奇！

海底捞的员工有一句话，“在海底捞能熬过三个月的都是好样的”。为什么？因为在海底捞干活儿，比一般餐馆要累，海底捞员工高于同行的收入和待遇不是从张勇口袋里拿出来的，而是干出来的。

张勇有一句口头禅：“钱这个东西，天上掉不下来，地下也长不出来，只能从顾客口袋中掏出来！”

翻台率是衡量一个餐馆经营效率最重要的指标，它是指一张桌子每天能接待几拨客人。接待客人的次数越多，效率就越高，员工的工作量也越大！

海底捞火锅店的翻台率比同行要高一到两倍，因此，海底捞的员工劳动强度自然高于同行。海底捞的传菜员——专门负责把菜从厨房端到前厅的那些服务员，脚上没有不起泡的；后堂刷碗工的手没有不烂的；前台服务员的嗓子没有不哑的，腿没有不肿的。

天下没有白吃的午餐，也没有白受的苦。在一个让人看不起的行业，干着比同行还累的活儿，如果能坚持下来，往往就能够改变命运。

杨小丽、袁华强、林忆等人不仅成为海底捞改变命运的榜样，他们说的话也成为员工们互相激励的语录。

北京五店的肖克说：

“我刚来海底捞工作时，一时适应不了，就跟师傅肖姐说，我不想干了。她问为什么？我说不习惯。她说，谁刚开始都不适应。你没听过人家杨小丽杨姐讲吗，人是活的，环境是死的，就看你怎么去适应环境。要记住杨小丽那句话：是金子到哪儿都发光，做事就在于坚持，坚持就是胜利，坚持就是人民币，冲走的只是沙子，留下的才是金子。

“肖姐让我好好想想再决定，后来我静下心来仔细一想，是呀，我没学历，没文凭，没口才，我能去做什么？而在海底捞有这么好的条件，去哪儿找？这里是苦点、累点，但我吃的是三代人的苦！我挣到钱了，可以让父母过得好一点，可以让儿女上好学校。

“不管昨天多么不如意，何等失败，都不重要。只要今天努力付出，明天才有结果。所以我每晚都听《献出一份爱》这首歌来鼓励自己：‘生命总有失败，难免有悲哀，不要叹气低头说无奈，别相信天安排，幸福就会到来，拿出勇气来面对将来……’

“我经常告诉自己，靠墙，墙会倒；靠人，人会跑；靠父母，父母会老；靠自己才最好。我现在终于用自己的双手改变了命运！我相信世界上有公道，付出终有回报，说到不如做到，要做就做最好！于是，我就这样在海底捞坚持下来了！”

我曾问张勇：“你们的员工怎么个个都那么乐呵，总是笑哈哈的？”

张勇说：“黄老师你只看到笑的一面，他们很多人都哭过，只是不当客人的面哭。你想想，这么苦、这么累，又背井离乡，谁能一下子适应？那些忍受不了的都走了；留下的，哭过后就开始笑了；所以，你看到的就都是笑的了。”

有相当数量的员工坚持不下来。下面是一位不愿意透露姓名的员工，在海底捞的内部网上发的帖子，他说：

“今天被领导训了一顿，心情挺差的。没人肯听，那就给大家说说。我不是想说企业的坏话。你做你的事业，我打我的工；我拿工资是因为我对这个企业有贡献。我每天早上 9 点上班，晚上 9 点下班，一天上 12 个小时班，如果还嫌不够，那要怎么办？海底捞没有哪个服务员睡够了的。一天 12 小时上班，你说还有什么自己的时间?! 难怪婚姻大事推荐内部消化。这算是为员工着想吗？休假了，都是在宿舍补充睡眠呢。你们养的不是员工，是机器人。”

天助自助者

在海底捞能坚持下来的，往往是来自农村的员工，特别是来自贫困农村的员工。

初次离家是这些打工者的一个共同特点。对这些背井离乡的“大孩子”，海底捞有一个特殊政策——对优秀员工和管理干部进行不定期家访。这样做的目的有二，一是代表他们去问候父母和子女，二是了解员工的家庭情况。

海底捞西安片区的经理杨华，在谈到对员工进行家访的经历时说：

“家访的目的不仅是温暖员工和家长们的心，对我们管理层也能起到教育作用。我记忆最深的一次家访是去后备经理张乾忠的家，他家在陕西商洛商州地区。我们同时还要顺便拜访其他三名也在同一地区员工的家。

“去张乾忠家的路线有三条，第一条路是水泥地面，可是走了三分之二，因为修路无法走了；于是，选择第二条路，可是又大堵车，根本走不了，没办法，只得选择石头路。一路上我们无数次下车，刨土清障，眼看快到了，却修路走不了了。最终，我们只得拎着礼品步行。翻山，下山；再翻山，再下山；下午终于到了张乾忠家。

“小村庄只有 5 户人家，为了我们的到来，乡亲们早就站在张家院子里等我们。张乾忠的老奶奶把昨天蒸好的核桃馍端上来。老奶奶腿脚不便，特意请了两个邻居为我们做了一桌子饭菜。我们匆匆吃完了就走，张乾忠的妈妈和奶奶送我们走的时候都哭了，我也忍不住哭了。

“我们的到来是村里的大事，原来这个小山村在我们海底捞工作的员工一共有16个，平均每家三个人还多。真没想到，海底捞竟然对这个小山村起到如此大的作用！

“一打听，这些员工都是一个跟着一个被吸引到海底捞的，而且个个都很优秀。我相信正是这里生存条件的艰苦，才磨炼出这些员工吃苦耐劳的品质。

“以张乾忠为例，虽然他家很穷，但他没有丝毫抱怨和消极的态度，反而在工作和生活中，阳光向上，充满激情。我相信如果他们坚持下去，在海底捞这个平台上一定能改变命运。

“另外，这次家访对我还有一个意外但相当重要的收获。看汽车行程表，从西安到商洛只有一个多小时，可是这只是坐车的时间，真正到员工家，其实比到四川用的时间还多。要返回西安，这些员工必须凌晨3点出发，步行三个小时到县城坐6点半的长途汽车，并且一天只有一班车。

“通过这次家访我更领悟到海底捞存在的意义，我们的企业只有办好，才能带领这些从大山里出来的员工改变命运。同时我还意识到，我做店经理时，由于对员工家庭的情况了解得不细致，有很多工作上的失误。比如，这些来自商洛的员工向我请三天假时，我往往武断地说，不就一个多小时的车程吗，一天假就够了。其实是不够的，即使三天假，同家人团聚的时间也只有一大。

“这次家访让我明白我错了，我要对员工说一句对不起。我现在知道了，什么叫站着说话不腰疼。”

能吃苦是来自贫穷地区员工的优势，可是文化水平低又是他们的劣势。要改变命运，仅靠双手还不行。

西安一店油碟房的吴阿姨40多岁了，进入海底捞好几年，一直是劳模，是大家公认的优秀员工。她默默无闻，特别能吃苦，但是按照公司新的要求，要想继续保持劳模工资，她必须达到一岗多能才行。可是吴阿姨是个文盲，不仅不认文字，也不认数字，因此不能看秤；她只能在后厨刷碗洗碟打扫卫生。

怎么办？店经理郭晶晶找她谈：“吴阿姨你的工资要降下来，我们大家都不忍心，但是如果你要想做一个合格的劳模，你必须要进步才行。你一定要学会基本的字和认秤。你还不算老，我们大家帮着你，你一定能学会。”

西安一店的几个干部做了分工，集体帮助吴阿姨识字和认秤。并且给吴阿姨制订了奖励和惩罚计划，如果一个月学不会，降一级工资，如果一个月之内学会有奖励，20天学会有更大的奖。由于吴阿姨老是把电子秤上的“2”和“5”这两个数字搞混，郭晶晶专门用笔在复印纸上写上大大的“2”和“5”给她记。

吴阿姨把这张纸随身带在身上，有空就拿出来认。她跟别人说：“这是郭姐给我写的。我要是能识字认秤，就什么岗位都能干了。现在前厅的领班是我老师，后堂经理也是我老师，店长郭姐也是我老师，大家都在教我，我一定能冲上去。”

天助自助者！第十天，吴阿姨学会辨认“2”和“5”。

上海三店的张耀兰说：

“我来海底捞转眼就三个月了，刚来时店里让我清洁洗手间。在海底捞打扫洗手间和别的地方不一样，我还要在客人使用洗手间时，给客人提供服务，比如压洗手液、递纸巾和开门等。每当客人说海底捞的服务一流，洗手间也干净时，我心里就很骄傲。

“可能是沈哥看我在洗手间同客人交流得不错，要把我调到服务组看台。我当时一口就拒绝了，因为我对当服务员一窍不通；再说我年龄大了，怕服务不好，让客人训斥，心里难受。后来沈哥找我谈，他说我一定能做好。看他这么相信我，我就下决心不辜负沈哥的期望，一定要把服务员工作学着做好。

“可是刚看台时非常紧张和害怕，客人来了之后，我都不知道该干什么，急得像热锅上的蚂蚁，同客人讲话也不敢说。看了一桌之后，胆子就慢慢大了，同客人沟通也就顺畅了。客人也不是三头六臂，没什么好害怕的，有时他们跟我开玩笑，我也敢跟他们开了。

“同客人谈话时，他们经常问，在这里吃住舒不舒服？家里有几个人？谈着谈着，就忘记了他们是客人，就像亲戚朋友聊天一样，不害怕了。”

张耀兰终于在职业晋升通道上爬上了一格。

不仅是管理岗位，海底捞很多后勤业务职员也都是从服务员干起的。他们没有受过学校的专业教育，都是通过干中学、师傅带徒弟的方式走上业务岗位的。

海底捞会计小王说："现在很少有公司只看能力不看学历，哪一天我们离开海底捞，真不知道能干什么，所以我们很珍惜这份工作，再累再晚也要充电学习。我们不能选择出身，但我们能选择不断学习，改变命运。"

行为科学揭示，任何职业都会在自然人身上留下痕迹。我发现海底捞的白领，身上透着一种同我所熟悉的白领不太一样的气质。琢磨了好久才明白，他们身上除了有白领的职业风范外，还有着一股农民的朴实和服务员的殷勤！

"高龄"干部谢英

万般皆下品，唯有读书高。人上去容易，下来难。现在很多大学毕业生找不到工作，宁可啃老，也极少有人去餐厅当服务员。2009 年，北京海底捞共有 2 500 人，大学本科生只有 5 个，初中毕业的占 98%。于是，海底捞的各级干部也就只能从中学毕业生中产生。

世界的事大都好坏参半，员工文化水平低既是劣势，也是优势，因为它逼着海底捞要不拘一格选人才。相反，如果企业里有很多大学毕业生，选拔干部不选他们，还真要有点勇气和费些心思！

2010 年，36 岁的谢英是北京海底捞的一个小区经理。她现在管理 6 家火锅店，手下员工近千人。在海底捞的年轻干部队伍中，谢英属于“高龄”干部，她是个被海底捞硬“造”出来的管理者。

谢英是个快言快语的四川女人，她说：

“我是一个普通的农村妇女，我们四川人结婚都非常早。1998 年我 24 岁，小孩就 1 岁多了。我当时在海底捞旁边的一家餐厅里打工，在那家餐厅上班的时候，4 个月我领过两次工资，因为餐厅生意不好。餐厅的厨师长和服务员打情骂俏，厨师长的亲戚在里面也耀武扬威。我们没有亲戚朋友的就很孤立的，所以上班很不开心。

“除了这些，我当时想去海底捞干还有两个原因，一个是他们的工服很好看，是我们简阳当时最好看的工服，就像空姐那样的衣服，很漂亮，下面是裙子，走到马路上很多人都回头看。有些海底捞的员工都穿着工服回家相亲。后来进了海底捞才知道，海底捞的工服是找一个当地的裁缝，按照时装画报上的款式，给员工度身定做的。另一个原因就是来我们餐厅的很多客人都说海底捞生意好。

“可是我又有点不敢去，因为很多顾客和海底捞的员工都跟我说，海底捞管理得特别严，如果你干不好，就要被淘汰；而且，前三天没有工资，三天之后才决定是否录取。

“后来，那家餐厅实在待不下去了，我就想，海底捞管得再严，也不是让我去干坏事！无非是跑得快一点，干活儿多一点，认真一点，努力一点，听话一点。于是，我就抱着试试看的心理来了海底捞。

“我是 8 月 9 日去的。9 月 1 日发工资，当通知我领工资时，我很惊讶，我说，我还有工资啊？因为我在上一家餐厅干了 4 个月才发了两次工资，所以我以为海底捞也是俩月发一次。

“刚开始我当了几天传菜员，后来可能是看我年龄比较大，就让我做员工餐。可是我没做过饭呀，几十人的饭，上来就让我做，米饭不是生就是煳，菜也不好吃。员工意见很大，他们跟领导反映，说谢英做了一个多月的饭都做不好，还不如把她辞退。

“当时的店长是冯伯英，她说，我再跟谢英沟通一下，如果沟通完了，她还做不好，再辞退他。

“冯伯英很生气，把我叫到一个包间里说，再给我一次机会，做不好我就要走人。于是，我有了危机感，为了保住这份工，我就很用心去做，半夜醒来，还琢磨菜如何炒好吃。怪了，人一用心，菜的味道也变了；于是，我留下来了。

“做了两年多的员工饭，公司又让我出来做前厅服务员。可是还没做几天服务员，张勇突然让我做大堂经理。我吓坏了，我跟店长说我不敢。我是一个做饭的，哪能当大堂经理。

“我后来也在想张总为什么提拔我。那时海底捞只有三四家店，张总经常来我们店里看。我的工作很单一，就是做员工餐。而员工餐做完后，我每天至少还主动帮忙做三四项工作，比如帮助厨师切菜，因为我做饭的地点也在餐厅厨房；我还帮着洗漏勺，帮服务员发毛巾，总之，凡是我能做的我都帮着做。

“本来我可以早下班，因为做员工餐要早上班，但我每天都会多做几个小时。可能是张总经常到那个店，观察到了。有一天张总为领班开会，也通知我参加。当时把我吓惨了，为什么通知我开会？

“进屋时，我们领班说：谢英你怎么来了？我说：不知道，张总让我开会。当时开会每个人都发言，张总也让我发言。他可能觉得我的发言还不错，以后每次开领班会，都把我叫上。几次下来，就决定让我当大堂经理。

“我拒绝时没敢直接跟张勇讲，是让我们店长告诉他的。但张总说不行，必须做。于是，我就做了大堂经理，然后，就一路走到今天，还到北京当上小区经理。张总有时跟我说笑：一个做饭的能做小区经理，当时还不愿意呢。

“去年，简阳市长到北京出差，在我们店吃饭时，张总就介绍我说：她就是当初在我们简阳店给员工做饭的谢英，后来当上了大堂经理，现在当小区经理。家安在北京，老公和孩子都来了。”

然而，一个今天能自己驾车，行驶在北京复杂的立交桥上的谢英，绝不仅仅是因为张勇的慧眼识珠。

猎头公司找挨骂!

我对谢英说:“你真幸运，一个偶然的机会进入海底捞，然后，又被张勇慧眼识珠，改变了命运。”

谢英说:“是，我的确很幸运，但这条路也真不容易走。

“我在简阳当了一年的大堂经理，西安店开业了，把我调到西安做大堂经理。我在西安只做了两个多月，由于工作开展得不理想，就被撤下来，回到简阳店降级为仓库管理员。

“现在回头看，失败的时候就是在为你成长、为以后的成功做铺垫。其实我当库管的经历，对后来我当店长非常有帮助。我知道了物品应该怎么保管，怎么摆放才能拿取方便。一个店长要全方位地管理，如果你对其他岗位不熟悉，不可能管到位。我当了 3 个月的库管，公司需要培训师，又让我当了半年的培训师，这又锻炼了我的口才。

“后来，我在简阳又被第二次提升为大堂经理。西安又开新店了，我不服输，选择去西安当领班。我觉得在简阳做得太久了，简阳只有一个店，我干了 5 年了，见识和思路越做越窄。虽然在简阳做大堂经理，在西安我只是当领班，还要和老公孩子分开，但是我还是选择去西安。因为西安城市大，我们有 4 家店，有很多可学的东西。

“后来北京开店了，公司又把我从西安领班的位置，调到北京大堂经理的位置上。我被选上来北京说起来偶然，其实也不偶然。

“选人时，现在的北京大区经理袁华强找了三个人，一个是我们西安店当时的大堂经理，一个是一名先进员工，另一个就是我。他拿一个脏的杯子，让我们分析脏的原因。三个人答完后，他当时就表扬了我。他说：谢英对问题的分析比较深刻。

“为什么？因为我不仅在餐馆做了 5 年，而且我什么活儿都干过。我知道一个杯子摆在客人面前，要经过很多道手，脏的原因很复杂。于是，我成为了海底捞北京第一家店的大堂经理。

“那是我来海底捞的第五年，第三次当大堂经理。我在海底捞几上几下，做得真是很吃力。我是一个初中生，结婚又早，电脑上网什么都不会。2002 年时，张总要求我们学打字，大堂经理以上每分钟必须打 30 个字以上，后来又提高到 40 个字以上；还要求干部每天要写工作日记，我真是为难死了。

“在此以前，我电脑都没摸过。可是，人也真怪，压力越大，事越多，越出活儿。白天没时间，我就晚上回家练。最后，终于每分钟能打 60 个字了。现在我觉得自己还不错，每天的工作日记都是用电脑打完后，直接上传到公司的。

“前几年，张勇又要求小区经理必须能开车，没有驾照不能当小区经理。我当时非常抵触，这么大个北京，坐车我都迷路，这么忙，还要考驾照，心里怕怕的。但是没办法，还得硬着头皮去冲，最后驾照我也拿到了。现在当我开车来往于几个店之间检查工作时，看着前后的车水马龙，有时突然很激动，我终于没有被这个社会落下！

“如果不是张大哥一路逼着我们学习和进步，我现在不会用电脑、不会开车，最多也就是个在后厨洗碗的服务员。这是海底捞赋予我的一种无形资产。我现在教育下面的干部时常说，你在海底捞上班，用上班时间学打字、学电脑和各种技能，公司照样给你开工资。你自己长了一身本领，为什么不努力多学几样？

“我一个弟弟也在海底捞工作，前天来我家抱怨，说公司非要让他这个电工去学安装和维修洗碗机，他感觉比较难。我说，你这就傻了，公司拿一台价值十几万的洗碗机让你自己操作、琢磨和学习，这是个多好的机会啊，学会了可是你的资本。当你把洗碗机搞熟，你就能当师傅了。要知道公司并没有让你自己花十几万买一台机器学！现在外面不管上什么学，都要自己交学费，而你在海底捞，只需多花一点时间而已。如果你抱着这种心态去学，就会越学越快，越做越好，越做越喜欢。

“其实关于这一点，我特别感谢张大哥。他当时让我们学打字、开车时，大家都闹。现在明白了，其实就难过一两个月，你就多了一项技能和资本。

“我们这些跟张勇时间长的人都明白，张大哥做海底捞不仅是为赚钱，也是要改变我们的命运。因此，海底捞宁可少开店，少赚钱，也不用空降兵，培养不出合适的店长就不开店。

“这样的做法，让我们这些文化水平不高，但不怕吃苦的人有了希望和动力，让我们发自内心要提高自己，把工作干好。

“海底捞出名了，也有人想挖我这样的人。2008 年一个猎头公司给我打电话，我直接把他给骂了一顿，我说，他们自己不去培养人，让你们把别人培养好的人挖走，你们猎头公司不是作孽吗？真是找挨骂！”

海底捞的“三无产品”

其实，人就像种子，在一种土壤里会生根发芽，换一种环境也许就长不起来。

谢英在培训员工时经常讲：“我是典型的‘三无产品’。第一，我没青春证，我进海底捞时 24 岁，在服务员中算老的，所以都不让我去前台，而是做员工餐。第二，我没有学历证，我只是一个初中生，还是农村的初中毕业生。第三，我没有身材证，长得不漂亮，身材也不好。可是海底捞还把我这个‘三无人员’当成一个宝，上上下下对我比较认可，这是我最大的幸福。像我这样的人，到了别的公司，算哪根葱啊？”

像谢英这样被海底捞“造”出来的干部，优点是忠诚、尽职、业务熟练，好使管用；缺点是封闭和视野狭窄。海底捞的店长里没有大学毕业生，而且大部分是来自农村的女孩子。

谢英说：“我在店里很自信，谈海底捞业务的事，我连说三个小时都说不完，但到外面跟别人聊天，却一句话都插不上嘴。海底捞的干部，除了杨小丽、袁华强他们那样的高层，绝大部分人都像我这样，在外面见陌生人总有点胆怯和不自信，怕跟别人聊天，别人说的东西我们不懂，人家笑话。

“我曾经闹过好几次笑话，2008 年我让一个朋友帮我去四川办驾照，好长时间没给办下来，我就催他。他说，我不是不办，是西藏闹事呀，警察都忙着呢。你不知道这两天电视到处都在讲吗？

“我真不知道西藏发生‘打、砸、抢’了，因为我回家太晚没时间看电视，白天也没时间上网。我们惠新东桥店旁有个理发店，我经常去那里洗发，跟那家老板特别熟。有一次我去理发，看凳子上放一张报纸，拿起来看了一下。他说，是周老虎的。我说，什么周老虎呀？他说，就是华南虎，陕西那个姓周的假老虎事件。我问，什么意思啊？我压根儿就不知道。

“他说，这么大一个事你都不知道？

“今年世界杯前一周，我们一个店长给我打电话问什么是世界杯？面对这样的店长，你会忍心骂她？我太知道她们了，她们是真的忙啊。可是再忙，这样的大事也应该知道，因为它会影响工作的，比如世界杯期间，顾客肯定少，要提前调整安排才行。我跟她们说，你们要看手机新闻，再忙也要看新闻。”

在研究海底捞时，我注意到一个现象。海底捞就像一座孤岛，别看每天接待那么多顾客，那是在服务于别人，不是平等的交流。一个人每天在店里工作十几个小时，晚上住集体宿舍，还跟同一群人交流，很容易封闭。

为此，海底捞开始用制度强迫干部们走出去同外界接触，比如，店经理以上的干部，必须要到外面吃饭；每周要同客人吃一次饭，同客人交朋友、同客人一起玩；小区经理都要去读MBA，大区经理都要去读EMBA，费用全部由公司承担。

谢英说：“我现在就在人大读在职的MBA，学校组织什么活动我都参加，包括吃饭呀，玩呀，我都去。我就要锻炼自己胆大一些。我现在每天用手机看新闻，就是同学们告诉我的。他们教我如何设置手机自动接收新闻，我学会了，就告诉我们店长。”

“三无产品”要让别人认可，付出得自然要多。在海底捞做了12年的谢英，有一个特殊的职业病。她说：

“我现在当小区经理，不需要每晚盯在店里。可是我一旦早下班，回家吃饭一端饭碗，手就发抖。这个现象从前年就有了。我跟其他同事聊过这件事，林忆说，她也有这个毛病。就是早下班回家，心里不踏实，吃饭特别快，吃完胃就不舒服。

“在海底捞做长的人，都养成半夜三更回家的习惯，感觉到半夜三更回家才是对的，早回心里就有愧，总觉得有双眼睛在盯着你，就觉得对不起公司，对不起这份工作。其实，我们张总和袁华强总鼓励我们去看电影、喝咖啡、逛商场，让我们跟外面的朋友一起出去玩儿。但是我如果有两三天没有巡店，心里就觉得不正常。就像当妈的把小孩扔在家里，自己出去玩不踏实那种感觉。所以，我现在还是每天晚上 12 点左右回家，反正回家也不踏实。现在公司大了，经常开会，如果连续开几天，虽然也是工作，可是我一离开店时间长了，心里就发毛。”

我问谢英：“你当小区经理也不需要直接为客人服务，你那么晚才下班，都在店里干什么呀？”

谢英说：“晚餐时间是我们一天最忙的时候，这个时候最能发现问题。因此，晚餐时间，我一定会在不同的店里巡视。如果我晚上八九点钟到一个店，我不可能马上找店长了解情况，因为他正忙。只有等到 10 点钟，客人走得差不多了，你才有时间跟他沟通。你也不能几句话就完了，有时候要跟他们吃个饭，跟他们聊一下；或者他们组织会议，你在旁边听一下。

“店里完事了，回到办公室，我要看邮件。有些邮件不是看看就完了，要做安排和协调。否则，明早一上班，人家请示的问题，没有答复怎么办？

“然后，还要打打电话，我现在有 5 个店，平均一个经理打 10 分钟，就是一个小时。最后，我要写一写工作日记，在电脑前再坐一个小时，12 点到了，正好下班。”

嘿！12 点下班，还正好。下班早了，手就哆嗦?! 海底捞的“三无产品”真是特殊材料制成的人。

海底捞出名后，很多人想走捷径，出了好多假海底捞。这些假海底捞把海底捞的菜式、底料、服务员的制服、送水果、擦鞋和修指甲等服务全面模仿过去。

刚开始还真把海底捞吓得够呛，请律师到处打假。可是打着打着，不害怕了，原来这些假海底捞非但没有抢走真海底捞的生意，反倒给海底捞做了宣传。

他们把海底捞表面所有能看得到的东西都模仿了，唯独缺少海底捞的“三无产品”，因此，始终形似神不似。被他们骗过的客人，一定会再找真海底捞试试。

然而，天下万物都好坏参半，作为“三无”人员要想改变命运，自然要付出更多精力和体力。人毕竟是人，长期这样干下去，怎么可能没病？作为海底捞职业管理层的代表人物——杨小丽，30 岁刚出头就浑身是病。

使人成熟的不是岁月，而是经历!

海底捞有一个特殊的现象，那就是他们的干部有着一种与年龄不相符的成熟。

海底捞的干部都很年轻，刚 30 岁的袁华强是海底捞北京大区的总经理，管着 20 多个火锅店，2 000 多员工，又是一个自古英雄出少年。

我问袁华强：“为什么大热天这么多人来海底捞吃火锅，海底捞的成功究竟靠什么？”

袁华强说：“餐饮生意说起来很简单，一共就 5 个因素，口味、价钱、地点、服务和环境。我曾去过中国香港和日本的城市，感到他们的餐馆不论高档还是低档，在这 5 个方面都算合格，比如，再便宜的店，卫生也过得去；再豪华的店，价钱也没有吓死人。其实，我们海底捞无非在这几个方面做得都比对手好一点。我绝不同意有些人说我们海底捞就靠‘变态’的服务取胜。别以为顾客傻。”

没有在任何商学院读过书的袁华强，实际说了一个很多 MBA 不明白的问题。企业管理是一个系统工程，任何优秀企业都不可能靠“一招鲜”站住脚。企业跟人是一个道理，一个健康的人，身体的每一个器官和功能都应该达标。

我问袁华强：“在北京，每个店的选址也是你决定的吗？”

他说：“对。”

我望着这张娃娃脸，有时还冒出一点农村孩子常有的那种羞涩的总经理，心想，在偌大的北京，就是本地人找一个合适开饭店的地方，也不是件容易的事。

做饭店的都知道：地点对了，就赢了一半。海底捞每个店都在一千平方米以上，装修费至少在几百万元，有时要上千万元。

我又问:“张勇参不参与意见?”

“我们老板只参与和批准每年开多少店的总计划。具体在哪儿开店，什么时候开店、装修标准都由各大区负责。”袁华强说。

我又说:“选址可是个挺难的事吧?”

袁华强笑了，说:“对，刚来北京时，不信邪，在租金便宜的南边一下子开了两个店。结果生意就是不行，两年都收不回投资。现在学乖了，就在东边和北边餐馆扎堆的地方开。因为餐馆多的地方，地点准没错；即使租金高，竞争激烈，如果我们做得比对手好，还是能赚钱的。我们后来在北京开的店，最长的一年，有的半年就收回了投资。”

难怪袁华强这么年轻就能担此大任，原来他有这样的“跌跟头”经历。

然而让我更佩服的是张勇，他竟敢把选址开店这么大的权力交给无亲无故，又如此年轻和没有经验的下属。

其实，正是张勇对下属的信任，才能有这样的授权；也正因为有这样的授权，袁华强才能犯这样的错误；正是这样的错误，才能让袁华强刻骨铭心；正是这样的刻骨铭心，才能让袁华强超速地成长——早熟。

使人成熟的不是岁月，而是经历。每个人小时候都曾被家长教导过不要玩火，但谁没玩过?只有烫过手了，才知道火的滋味。难怪海底捞的干部，这么年轻就能担当如此重任，因为他们早早都让火烧过手。

我问袁华强："你怎么在海底捞升得这么快？从服务员做到大区经理只用了6年？"

袁华强腼腆地笑了，说："很难说，其实很多事情是机遇。我是中专毕业，学的是电子商务。那家学校招生时说要保证就业，毕业后就把我们推荐给海底捞去当服务员。那是2000年，就业很难，我们一共12个人去面试，有7个人淘汰了，5个人留了下来。当时海底捞的面试很简单，什么都不问，先让你干活儿，从干活儿的过程中选人。"

我说："你干活儿利索，所以就被选中了？"

"那是当然，我从小就干农活儿！"袁华强毫不谦虚地说，"我们家4口人，地里的活儿主要靠我，我12岁的时候，4亩地水稻和3亩地麦子就是我一个人割。很累，有时候人一下会累晕。我们那里是山区，我爸负责打稻子，我妈负责往家里背，妹妹就做饭。所以我不怕干活儿。相反，有的同学在家里连家务活儿都很少干，刷下来的都是干活儿不麻利的。"

袁华强把手伸给我看，说："我手上这些疤都是割稻子留下来的。"

袁华强手上有好几块我很熟悉的疤痕，因为我17岁下乡当农民，在东北用镰刀割黄豆，留下了同样的一块疤。割黄豆同割水稻是一个动作，那是真累，特别是累腰。我对袁华强的尊敬增加了一分，他割稻子时才12岁！

袁华强说："即使我这样经历的人，刚刚在海底捞仍然觉得很累。我的第一份工作是传菜员，每天要跑很多路。当时海底捞的员工都记得一句话：要先求生存，再寻发展。我就是靠的这句话在最初三个月坚持了下来。传菜员做了一段时间后，门童走了一个。店里可能看我长得比较端正，也喜欢打扮一些，在学校也穿过西服，就让我顶上去做门童。我做门童也很积极，一有客人就招呼，也愿意帮他们带孩子，一些顾客的小孩一来店里就找我玩，我的客户满意度非常高。结果，第二个机会又来了，店里的会计又辞职了，尽管我是中专毕业，但我在当时的员工中是学历最高的，于是，就让我学会计。做了 7 个月会计，店里又缺领班，又让我去做领班。

“这下，我心里不高兴了，想辞职。因为当时会计的月工资是 580 元，还不那么累；当领班是 520 元，我感觉自己贬值了。后来怎么想通了？是一个我做门童时的老爷爷顾客，他来店里吃饭都要找我聊聊。看我不高兴，他问怎么了。我就说了，我不想当领班，要走。老爷爷说当会计没什么出息，你当领班就不一样，将来可以当经理，自己还能开店。于是我听了他的话，就做了领班。一直到现在，我同这个老爷爷都保持着联系，每次去西安都看他；他看病没有钱了，我都会给他。他有好几个儿女，但不孝顺。

“黄老师，你说这是不是机遇？没有这个老爷爷，我现在都不知道干什么呢？”

我说：“对，再努力的人，也需要机遇。是不是从此你在海底捞就一马平川了？”

袁华强说：“哪里！我从西安的领班调回到简阳做店长。西安是大城市，我自然见多识广。接管简阳店后，我们店是那个小县城里唯一一个推广普通话的餐馆。为什么要推广普通话？并不是客户喜欢，而是我觉得可以提升餐馆的档次。我们的火锅店在简阳是档次最高的，顾客里有外宾，也有很多外地人。还有，我在海底捞的餐馆里，第一个规定员工必须靠右行走，违反规定就要受处理。另外，我们还上门帮顾客做家政服务，刷马桶，擦油烟机，搞了很多很大的动作推广海底捞。

“因为我这些新的办法效果很好，郑州开店时就把我调到郑州当店长。那时我自信心爆棚，想快速做出成绩，自以为郑州跟简阳一样，把简阳的一些成功做法在郑州强推，结果员工流失得很严重，跌了个大跟头。郑州没有做好，张勇把我骂得自信心全无，也骂得我很冤枉。我被降职到北京做店长助理。当时正赶上家里有一些问题，我怕到北京也做不好，又产生了不做的念头。

“这次留下我的是张勇，他听说我要走，就做我工作。于是，我又留下来了。我就这样在海底捞几上几下做到现在。”

“张勇是怎么做你工作的？”我问。

“他说了很多，具体我记不得了。但我只记住一句话：‘你是不是还想祖祖辈辈当农民?! ’”

海底捞的“嫁妆”

2009年4月，我在《哈佛商业评论》中文版发表了海底捞的案例。据《哈佛商业评论》的编辑们讲，此文是他们杂志进入中国10年来，影响最大的一篇文章。

一个火锅店的案例为什么能引起这么大的反响？

因为火锅是个最没技术含量，最没有市场准入，最不需要关系，从业人员素质最低，竞争最充分这么一个行业。说白了，这个行业谁都能做，谁都明白。

然而，海底捞却能做到，在火锅的淡季三伏天，顾客仍要在它的门前排队；而同行的火锅店平均上座率却不到一半。饮食业最讲究上座率，因为餐厅只要一开门，不管有没有客人，租金和员工的工资是一定要支出的，所以每多做一桌生意，就意味着多增加一份利润或减少一份亏损。

海底捞的一枝独秀不是昙花一现，当时海底捞进入北京和上海6年了，可是海底捞依然鹤立鸡群！火锅店又不是原子弹，同行怎么就学不会？难道做火锅的除了海底捞，别人都是傻子?!

这个案例甚至引起香港饮食业的注意。香港是世界美食之都，然而很多香港饮食业的过江龙在大陆却没有淘到金。我的一位香港饮食业朋友一天给我打电话说，他要来北京开一个港式海鲜火锅，调查北京市场的时候知道了海底捞，也看到了海底捞的案例。

他说："没想到这个案例是你写的，你一定认识他们的人，能不能帮我们挖一个海底捞的人，最好是你案例中写的那个28岁的北京大区经理袁华强！"

香港人最直截了当，很多人以为钱能解决一切问题。在北京见面时，我跟他们说："我不能挖海底捞的人，因为我挖不动。"

张勇有个不成文的规定，尽管没成文，但张勇在海底捞是"神"。他说的东西，海底捞人真信。

张勇说："在海底捞做店长超过一年以上，不论什么原因走，海底捞都要给8万元的'嫁妆'（海底捞店长很多是20多岁的姑娘，其实是补偿）。"

我问："包括被竞争对手挖走？"

张勇说："对。"

"为什么？"这个答案完全超出我的想象，我盯着张勇问。

张勇说："海底捞工作太繁重，能在海底捞做到店长以上的，对海底捞都有相当的贡献。"

不仅是有相当的贡献，有很多干部，长期加班工作，体力和精力透支太大；有的干部，年纪很轻就一身病。海底捞的采购大主管杨滨曾经创了一个纪录，他在2004年365天没休过一天假。

张勇说："海底捞有今天，每个干部都有一份功劳和苦劳。所以不论什么原因走，我们都应该把人家的那份给人家。小区经理走，我们给 20 万；大区经理以上走，我们会送一家火锅店，差不多 800 万。”

我有点将信将疑地说：“袁华强被人挖走，你会给他 800 万？”

“对，袁华强今天要走，海底捞就会给他 800 万。”张勇低头若有所思，平静地回答我。

尽管我知道欲擒故纵，可是张勇这个政策也真是剑走偏锋，非一般人敢用。看来真是：与众不同，不一定能胜；但不与众不同，一定不能大胜！张勇是个走极端的人。

人心都是肉长的，袁华强能被挖走吗?!

我长出了一口气，我知道袁华强不会被我和任何人挖走，至少在张勇这个“神”没有糊涂的时候。

海底捞刚进入北京时，非常不顺。租第一个房子就让人给骗了，而且整整骗去 300 万，那是当时海底捞账上的全部现金。

“人找到了吗？”我问张勇。

“找到也没用，那伙人中还有个退休法官，人家早就设好了套，我们不懂。”

我又问：“你听到他们被骗的消息后，骂没骂人？”

张勇说：“我哪敢骂?！那个主管经理已经急得两天吃不下饭了，那几天电话我都不敢给他打。后来听说他们要找人绑架那个骗子，我才给他打电话。我说，你们就值 300 万？马上干正事吧。”

我又问：“你真没怨他，真没心疼？”

张勇说："我当然心疼，那是我们当时所有的现金。不过，我真没怨他。因为我去租，不也要受骗吗？"

各位老板，读到此请问自己一句话。如果你碰上这样的事，你会这样想吗？

难怪在海底捞十几年的历史中，上百个店长以上的干部，只有三个人拿走了海底捞的"嫁妆"。

然而，"林子大了，什么鸟都有"。人也是如此。2010年一个店长辞职加入竞争对手后，拉走了后厨经理、大堂经理和好几个领班；而且就在海底捞新店的对面开了一家火锅店。可是她竟然也回来，要这笔嫁妆。这次张勇食言了。

什么人需要公平？

人一出生就是不公平的。生在非洲有些国家的人，寿命很可能只有40多岁；生在美国的人，可能活到70多。80年代后生在中国农村的人，有90%的可能是农民工；80年代后生在北京和上海有正式户口的人，理论上一辈子不用打工，因为爷爷奶奶姥爷姥姥爸爸妈妈至少会给他留下两套以上的住房，他可以住一套，租一套。

追求公平从来就是穷人的DNA，因为穷人认为世界对他们不公平。海底捞员工的主体是农民工，自然是最渴望公平的群体。

海底捞追求公平的企业文化准确地打中了他们这一精神诉求。

海底捞所有管理干部必须从服务员干起的这条铁律，让杨小丽、袁华强、谢英和林忆这些没有学历，但有管理才能的员工通过晋升到管理职位改变了命运；有业务能力的人，也可以通过后勤晋升通道，成为财务、物流和维修等业务人员而改变命运。

那些既没有管理才能，也没有业务能力，但任劳任怨、踏实肯干的人在海底捞能不能改变命运？

也能。在海底捞，普通员工如果做到功勋员工，工资只比店长差一点。千万不要忽视一个保洁阿姨的作用，如果她整天整年乐呵呵地扫，她就是一个活雷锋，这对所有员工都是一个激励和教育。不仅如此，她还会带出能达到海底捞洗手间的清洁和服务水平的徒弟。千万不要以为让一个面对普罗大众的中国餐馆的洗手间，一年 365 天没有味道是一件容易的事！

西安四店的小凤说："我是前厅的服务员，一天我被临时调到电话间接电话，电话间斜对面是洗手间。

"您好，请问找洗手间吧？您好，男士在这边，谢谢。您好，请擦一下手。这几句我不熟悉的服务用语，不停地从洗手间那里传过来。这是保洁组大姐毛俊辉在为顾客服务。让我惊奇的是，一天下来了，毛大姐至少说了几百句这样的服务用语，可是她每次说的时候，总像是我们上第一次培训课时，跟着培训老师的语调学说服务用语。她那有些地方口音的语调，极具感染力，我在电话间里都能感到热情，搞得我接电话时几次走神。

“客人还没到门口时，毛大姐就迎上去主动询问；客人用完洗手间时，大姐主动给客人开水龙头、挤洗手液和拿纸巾。更可贵的是她也能像我们的服务员那样，利用与客人接触的一两分钟，了解他们对海底捞的看法。记得一个客人有些不满地说：你们这里吃饭可真是麻烦，要等这么长时间。大姐马上说：非常抱歉，辛苦您等座了。一个客人说：你们这里生意真是好。大姐会说：多谢您，都是顾客支持。

“毛姐只是一个清洁工，她不像我们有长时间同客人交流的机会，但她对客人的反应，让我这个做服务员的自愧不如。毛姐的努力赢得很多顾客的好评。记得一次我服务32号桌，那桌客人是第一次慕名而来。其中一位姓张的客人性格很开朗，席间他去了一趟洗手间，回来就滔滔不绝地说：真是不一样，这是西安最干净的洗手间，比我们家的还干净；不仅如此，还有人给开水龙头，递毛巾。你们每个人都要去，否则就不算来海底捞吃饭。

“那一刻我觉得很自豪，也为毛姐感到骄傲！”

在研究海底捞案例时，我的一个助手曾专门研究海底捞的洗手间，他说：“海底捞洗手间的卫生水平绝对能达到五星级酒店的水平，但比五星级酒店洗手间的服务还好，因为海底捞的洗手间还有人递毛巾和开水龙头等服务。如果考虑到海底捞洗手间的使用频率远高于五星级酒店和中国人使用洗手间的习惯，我们有理由得出结论——海底捞洗手间的管理水平绝对世界第一。”

西安四店贺肆林说：“我进入公司虽然只有 4 个月，但我能理解双手改变命运的道理，我以前在一家合资企业做，每月也有 1 000 多元，但攒不到钱。我在那家公司做了 4 年多，攒的钱还不如在海底捞 4 个月多。

“一次休假我去逛街，碰到我们上菜房的一名洗菜阿姨，她和丈夫都在海底捞上班，闲聊时提到他家的情况，他们告诉我，来海底捞后，他们俩每月能攒 1 700~1 800 元钱，现在正在装修房子，买家电，准备明年就把儿媳接进门。

“我们店还有一位陕西阿姨，皮肤较黑，非常粗糙，她很朴实和节约。她家境不好，家在很远的山区。有一天下班我碰到阿姨正在喝饮料和吃薯片。我听的 MP3 她也要借来听一听，真没想到阿姨的爱好这么广泛，而且还很前卫。如果她没来海底捞，可能还是守着一亩三分地的家庭妇女，是海底捞改变了阿姨，给她提供了一个公平的舞台，让她靠一双肯干的双手改变了命运。”

我们访谈过的海底捞员工，大多数都认为海底捞比别的企业公平，因为海底捞对员工的评价只有一个标准——能不能干？

公平感是所有企业最难解决的问题。一个企业如果不以工作好坏为唯一标准提拔和奖励员工，就必然会设定一些其他标准，比如学历、资历、背景等，于是，一碗水就很难端平了。

人是群居动物，公平感主要来自于和同类的对比。中国长期以来的城乡差别，使得几近认命的农民不再奢望同城里人比，但是他们会同自己人比。如果在一个大部分是农民工的企业中，他们追求公平的希望又受到挫败，比如老板的小舅子可以对他们呼来喊去，一个员工靠漂亮脸蛋就能拿最高的奖金，刚来的MBA连上菜都不懂一下子就当上经理助理……他们一定不会感到幸福。

人不幸福，不仅卫生间扫不干净，对别人自然也不会友善。难怪很多餐馆，尽管天天有人检查卫生间的清洁程度，依然味道熏天；天天强调的微笑服务，成了皮笑肉不笑的苦笑。

张勇知道要想让服务员对客人好，就必须让服务员感到幸福；让服务员感到幸福，不仅是吃饱住好，还要公平。

公平为什么重要？因为公平不仅是分蛋糕，还涉及到人的希望和尊严。

一个煤老板在北京最贵的小区住着，孩子在北京最好的学校读书，他跟我说："别看我现在有钱，但在北京我感到没尊严。我每次去学校，校长都得见我，但那是看在我给学校捐款的分儿上。如果没有捐款，他们能让我孩子进去读书？他们这是对钱的尊敬！"

这个煤老板为什么不满意？因为户籍制度给他带来不公平，如果他孩子是北京户口，他就不需要捐款。

员工是一个一个吸引的！

在海底捞，有两句众所周知的张勇语录。一句是“客人是一桌一桌抓的”，另一句是“员工是一个一个吸引的”。

海底捞郑州片区总经理冯伯英就是一个典型的“员工是一个一个吸引的”例子。她刚加入海底捞时，也是一个从农村来的女孩。

她说：“由于我父亲过世早，家里非常贫穷。我来海底捞的时候，是一个什么都不懂的农村黄毛丫头，我连黄喉和毛肚都不知道是什么东西，以为是地里长出来的。我刚开始非常笨，只是比别人更踏实和认真。我当时做梦也没想到，我现在还能当上海底捞的经理，拿着比国营单位还好的福利待遇。

“回忆起来，我为什么能在这里死心塌地地干？因为我觉得老板人好，公平，虽然他对工作要求很严，但是做得好就有提升的机会；于是，我越干越有劲，学东西越来越快。

“还有老板没有把我们当打工的，我们都是从农村来的，见识少。我刚来时张大哥和施哥（海底捞的另一个股东）经常带我们去公园里玩耍，照相，划船；过年带大家一起去歌厅唱歌，吃年夜饭跟我们一起喝酒划拳，让我感觉不出自己是个打工仔。

“平时街上有什么好吃的，张勇的太太（当时也在海底捞工作）和李海燕姐（施哥的太太，当时也在海底捞工作）买回来给大家分着吃。我印象最深的就是当时海底捞楼下的东东包和油果子。

“还有我生病时，住在我们县医院。那时刚好发大水，路全都冲烂了。我根本没想到张勇大哥亲自来看我，还给我留下钱，嘱咐我好好养病，多买一点有营养的东西吃。还有一次，我母亲过生日，李姐还亲自去我们家送了红包。

“我当上负责人后，每当工作有压力时，就想打退堂鼓，可是公司从来没有责怪我，而是从思想上帮助我解决问题，帮我一起找方法。于是，我就这样被一步一步被吸引着坚持下来，走到了今天。”

上海五店的黄金仙是一名大学毕业生，他在谈到融入海底捞的过程时说：

“我当初西装革履，怀揣简历在虹口体育场的招聘会上彷徨，无意中从海底捞的摊位经过，就在转身之际，海底捞的招聘员工热情地向我问好。碍于面子，我坐下来同他们咨询了几句，填了张表就离开了，甚至连简历都没舍得留下。可是形势比人强，好的就业机会太少，作为权宜之计，我来到海底捞。试用期的时候，其他单位也来过几次复试电话，我几次想离开，但都被海底捞的一些不寻常的小事所打动，最终让我选择留下。

“上个月25日晚，店经理黄姐去开会，大堂经理和领班又都休假，人手显得紧张。我当时发烧到38.6度，工作很吃力。恰巧当晚又轮到我加班，代理领班把我的情况告诉给代理大堂经理钟哥。钟哥马上安排别人替我加班。中间寻台时，他还特意过来看我几次。我体力透支严重，客人高峰期一过，走路都开始摇晃。代理领班马上让我提前下班，当时我虽然烧得浑身发冷，但心里暖暖的。

“回到宿舍倒头就睡，不知什么时候被人叫醒，一看是工会成员李守业。他带来水果、脆皮肠还有猪蹄熬的营养粥。我手捧着热腾腾的粥哭了。

“晚上下班后，室友们都来问候我。李文看我的被子被汗水浸湿了，马上给我换了床被子。王朝玉半夜起来，看我的体温升到了39度，硬把我拽起来去医院。店经理黄姐知道后，特意打电话来问候，并批了我三天假。

“很久没有敲键盘了，我今天终于鼓起勇气把我在海底捞的感受写出来，希望与每一位海氏员工共享。感谢海底捞，感谢我的同事，我选择扎根在海底捞，是你们让我感到了家的温暖。”

北京四店的许陈晨也是一位大学生，她说：

“当我提着行李走进海底捞宿舍时，我一下子迷失了，完全找不到当学生时的自信。我读过大学，可是我端起盘子时，脑袋里一片空白，什么都不知道，甚至分不清酱油和醋，眼泪就在眼眶打转。我怕人家笑我，强忍着没哭。

“我师傅是个男同志，他很耐心地跟我反复讲解服务程序，并告诉我不要紧张，要把客人当成朋友。但我仍然很紧张。第一天就在手忙脚乱中度过了。我打碎了烟灰缸，搞翻了香菜碟，告诉客人叶儿粑是蒸蛋；最后还烫坏了手，结果眼泪还是流出来了。

“第二天我跟师傅说，我是不是很笨呀，总给你添麻烦。还没等我说完，他就打断我说：人都是从不会慢慢到会的。我鼓励你犯错误，就是怕你不犯错误。这一次你犯了错误，下次就不会犯了。你有什么不懂的，可以随时问每一位同事，他们都会帮助你。

“他一边鼓励我，一边一个菜一个菜地给我讲解，带我熟悉环境，教我摆台。可是第二天我仍然不时地犯一些小错误。我的师傅就像一把伞，帮我遮雨避风，帮我救火，我就像伞下一只哭红了眼睛的小白兔。

“有一天，我的师傅没上班。我跑遍店里每一个角落都没找到他，后来同事告诉我，师傅生病回家了。我不敢相信，怎么可能呢？但这终究是事实。我一方面担心师傅的身体，另一方面又担心没有他我该怎么办。

“慌忙中，我想起师傅的眼神和他的话：陈晨加油啊！我跑到一个角落，掏出服务程序，仔细默读了几遍，又仔细回想过去几天的实践，心里安定了一些。这时来了一桌客人，我开始一步步为他们服务，并试着和他们交流。

“得知他们其中一位阿姨过生日，我悄悄安排了顾客的生日程序，并送给他们一份生日果盘和一碗长寿面。当得知她的儿女都在国外时，我就说：‘阿姨，今天是您的生日，我把您当妈妈，您也把我当女儿，让我给您过生日吧！’这时大厅里放起了生日歌，我和阿姨一起切了蛋糕，阿姨感动得哭了。走时，她把电话留给我，让我去她家里玩。

“上学这么多年，我还从来没有给自己的妈妈过过生日。看到这个妈妈幸福的样子，我也很开心。我把阿姨给我的名片夹在日记本里，并在旁边画了一个妈妈的笑脸。

“又过几天，店经理给我发了正式员工的工牌，我成了海底捞正式的员工，但我知道要学的东西还很多。师傅，请你放心吧，我会永远记着，陈晨加油！”

组织行为学有一句话：人与组织的关系，其实就是与人的关系。人离开一个组织是因为要离开某些人，人加入一个组织也是因为某些人。

是善良，还是聪明？

人和人不一样，同是从农村来到海底捞打工的人，对城市物质生活的反映不同。北京三店的杨玉梅，是一个陕西农村来的姑娘，对她身边一些同事的变化很看不惯，她在海底捞杂志上写了一篇《树高千山忘不了根》的文章。

她在文中写道：“有一次中午下班，我和几个同事去逛街，他们每个人都买了零食，一边走路一边聊天一边吃。有一位大姐说，玉梅，你什么都不买，平时也舍不得买衣服，人家都瞧不起你。你现在还年轻，该花的就要花，不花以后就没有机会了。然后，他们几个就一起说起来，应该怎么消费和享受。

“我听了，心里很不是滋味。父母把我们养大，是任由我们在外花钱？现在有的员工进餐馆吃一次饭就花几百元，可是我们的父母却在家省吃俭用。我的家没有什么经济来源，我不能和别的同事比。我的家乡都是以种地为生，我爸爸只有小学文化，为了让我和弟妹读书，他去城里打工。

“我以前不知道爸爸在城里打工的辛苦，直到我辍学后也外出打工时，看到那些农民工找不到工作时，宁可饿肚子也舍不得买 3 元钱的面，而我的同事们随便吃一袋零食就要 3 元。

“我去西安一个劳务市场找工作，看到一群群或站或蹲的叔叔阿姨都是来自农村的农民工。他们穿得很破烂，身边放着我所熟悉的工具箱。他们每天都会在那里等活儿；有的，晚上就在那里打铺盖过夜。那个地方，我们村的人最多，不管春夏秋冬，他们总会在那里。在我的记忆中，爸爸每次从城里回来都会给我和弟妹买一些好吃的，而他背着同样的工具箱。

“我妈妈很善良、朴实。在我的记忆中，她从来没有买过新衣服，而总是买布自己做。全家人的衣服和鞋都是妈妈做的。冬天是缺菜的季节，妈妈把白萝卜叶子切碎，放在缸里用盐腌了。这就是我们家一冬天的主菜，萝卜是留着过年吃的。过年时，爸爸会买回一袋米，平时就几乎不买米了。弟弟妹妹不懂事，看到人家小孩吃米饭，就回家要。因此，妈妈做饭有时会做两样，米饭给弟妹吃。

“我们家虽然很穷，但很温馨。父母年龄渐渐大了，身体都累垮了。妈妈的腿两年前检查出骨质增生，胳膊也很疼，严重时都拿不起锅盖。她不能自理时，就只能让在西安打工的妹妹回家照顾。

“爸妈为我们付出得太多了，他们看上去很憔悴。爸爸有胃病，但为了生活，他现在还是每天早起去找活儿干，开拖拉机给人家拉石头。现在是冬天，我能想到妈妈还是蹲在河边的大石头上，趴着洗衣服，她手上裂开了口，就在晚上用一毛钱的棒棒油擦擦。妈妈在冬天会给我们买一元钱的擦脸油，现在我还是用这样的擦脸油。

“从我懂事起，爸爸妈妈就从来没吵过架，也没有同别人吵过架。我出来工作，爸爸对我说：不要跟别人吵架，要多干活儿，少说话，不要在小事上斤斤计较。但在我这个小集体中，我经常会听到一些脏话。有一次我做错了，一个女孩说，把老子惹毛了，看谁能骂过谁？平时在工作中，有些同事为了一点小事也互不相让。

“我不知道我身边这些员工家里是否很富裕，但我估计大多数情况比我好不了多少。我们在海底捞打工和在工地上打工是天堂和地狱之别，我们每天吃不同的菜、白米饭，下班有暖气，房间有人打扫。即使这样，远在家乡的母亲也很担心，经常问吃得饱不饱？嘱咐天冷要买衣服穿。

“而我们为父母想过多少？回报了什么？平时有没有给家里打电话？在寒冷的冬天想没想过给家里买一台洗衣机？我身边有的同事，从来没有提过父母，一年半却给自己换了三款手机。我身边有很多员工，上班几个月了，从来没有给家里寄过一分钱。其实，现在海底捞的有些员工已经形成一种攀比风气，发了工资很快就花光。

“我不能这样做，因为我不忍心。我的父母虽然没有给我好的生活条件，但他们把所有的东西都给了我们。为把我们抚养大，他们受尽了辛苦；我们大了，他们又要用全部积蓄给我们盖新房，却从不提他们的苦。

“我虽然来到海底捞，过着比以前好得多的生活，但我不会忘记我的父母。”

在研究海底捞的案例时，我问过海底捞十几个来自农村的年轻服务员会不会种地，他们都笑着摇头。

对农民工来说，城市的诱惑不可抗拒。城市就是“海洛因”。巨大的城乡差别把他们从土地里连根吸出来。他们需要的不是种地，而是在城市的生存技能。然而，人不仅是工具，当他们掌握一种技能时，同时也就学会了这种技能的生活方式。

城市是物质的，物质是供人享乐的，而享乐是无止境的。海底捞是城市物欲横流的一叶扁舟，不可能不随波逐流。但是在这条船上的人却不尽相同。

海底捞需要什么样的人？

张勇说：“我们无法要求每一个普通员工对海底捞保持绝对忠诚，处处为海底捞想，这不现实。只要他能对自己的家庭负责，为自己的生活和后代负责，那么他就会努力保住这份工作。”

像杨玉梅这样的人无疑是符合这条标准的员工。在繁华的城市，做这份被人看不起，又十分繁重的活儿，没有责任感是坚持不下去，也不会干好的。

张勇很聪明，为了强化海底捞干部对家的责任感，海底捞每个月还给领班以上的员工父母们发一份工资。钱不多，按照不同干部的等级，每月也就几百元。

张勇说：“我们的员工大都来自农村，他们的父母没有任何社会保险，海底捞就当给他们父母发保险金了。如果他们不好好干，他们父母都帮我骂他们。”

有人说：“张勇真聪明，羊毛出在羊身上，发给父母的钱本来也是员工的。”

还有人说：“张勇这个人真善良。”

员工也是顾客

卖麻辣烫出身的张勇知道，靠服务取胜这根定海神针掌握在海底捞一线员工手里。他经常对他的员工讲：海底捞不论成功或失败，一定都是从基层开始；第一线最重要，因为顾客在第一线。

其实，这个道理是常识，不仅张勇明白，谁都明白。正所谓：知屋漏者在宇下，知政失者在朝野。可是能把这个道理落实好就不那么容易了。

公司大了，必然要有各级管理者。管理者要处理的问题同员工要处理的问题相比，谁的更重要？对绝大多数企业来说，当然是老板最重要，然后一级重要过一级；于是，官僚主义就形成了。

中国人的服从文化特别容易导致官僚主义，随着海底捞不断变大，官僚主义自然也滋生了。比如，张勇以前到各店巡察，自己一个人就来了；可现在海底捞却不知不觉形成了张勇每到一地当地一把手都要接机的惯例。

张勇意识到了这个问题。喜欢走极端的张勇，用他特有的方式来对抗他认为不对的事情。张勇在2006年对员工的新年致辞中说："当你同我谈话时，你的手机响了，你的员工找你，我们就终止谈话，你优先处理你和员工之间的事情；当你和员工谈话时顾客需要帮助，你和员工就要终止谈话，首先要做的是立即帮助顾客。这就是我讲的以顾客满意率为中心的优先法则。随着年龄的增加，我现在逐渐明白了，'顾客'的定义应该被更为广义地解释——包括我们员工在内。"

张勇把员工提高到顾客的位置，道理不说自明：如果员工也是顾客，那么员工自然要比领导重要。不过张勇的道理不那么完善，正确的说法应该是：在制定公司战略和制度的问题上，领导重要；在服务客人的问题上，员工重要。

然而，矫枉必须过正，四平八稳的正确说法最没用！

张勇的话在海底捞就是指示，就是制度，海底捞有一支执行力极强、完全认同张勇价值观的干部队伍。他们的可贵之处是能把张勇并不完善的制度落实到实处。

海底捞的财务总监苟轶群是海底捞目前学历最高的高管，他加入海底捞前曾在学校教会计。海底捞刚去西安开店时，他帮海底捞做账。做着做着，被海底捞吸引了，学校的教职不要了，加入了这支农民工的队伍。

他在教育海底捞财务人员时举过这样一个例子，他说：

“今天我同海底捞西安的成本会计李静谈话时，她激动地讲了一句话：我们是干什么的？这是源于她今年元旦去海底捞店里核对成本时，看到人手不够，生意太忙，于是临时放下财务工作，钻进厨房帮着后厨人员洗了半天碗。

“事后，一名普通员工的话让她深有感触。那个员工说：没有哪个财务人员能在这里坚持洗半天碗。因此，引发了李静关于‘我们是干什么的’思考。

“我们作为财务人员的职责是什么？这是一个早已耳熟能详的话题。我们的职责当然是服务、监督、控制和核算，我们是店长的财务助手。但这些职责落实到一个点是什么？那就是在最合适的时间，做对海底捞最有利的事情。

“如果一个成本会计在检查上菜速度时，发现速度没有达到标准，于是他来到上菜房，结果发现已积压了很多上菜单。这时他有两种选择，一是记录问题，准备向经理反映；二是放下记录和检查工作，马上帮助上菜，并在上菜过程中了解问题的根本所在，但他必须晚上加班，才能完成自己必须完成的成本控制表的文案工作。

“现实中，我们的大多数财务人员会选择哪种处理方式？肯定是第一种。为什么会这样？我相信海底捞大多数财务人员并不排斥到店里帮忙，但都认为首先应该完成财务的本职工作。这个道理乍听起来是对的，财务人员的工资一般要比服务员高一倍，去干服务员的活儿是浪费。

“但我们这样想的时候，却忘了我们作为海底捞财务人员的根本问题，这就引发了李静的‘我们是干什么的’问题。我们的一切工作都是围绕让顾客满意这条根本原则。如果‘顾客满意’受到威胁，海底捞将不复存在，那么我们的一切工作都将失去它的意义，包括我们的成本控制表。

“所以，放下手中的事情，马上投入到让顾客满意的工作中去，才是海底捞财务人员的正确做法。

“那是不是说财务工作就不重要了呢？当然不是。问题是我们直接参与到业务实践中与把财务工作做好不是矛盾的。拿刚才的例子，如果上菜慢的问题是偶然的，那它绝对不会影响财务人员把财务工作做好。恰恰相反，帮助业务人员发现问题，解决问题，从而提高效率不正是我们财务工作的终极目的吗？

“因此，为了把财务工作做好，偶尔到店里加加班帮帮忙也是不错的（当然我不鼓励大家放弃休息，长期加班，那样做一定效率低下）。

“也许有人会问，那要是每天都需要我去上菜房帮忙呢（必须承认这种现象，在我们公司有可能存在）？那一定是我们的管理体系出了问题，那就更需要了解清楚，向更高一层的领导反映。

“不可否认，我们有些财务人员已经人为地把自己放到一个较高的位置上，认为不能去做上菜洗碗那种服务员做的事情。这种思想虽然不是主流，但确实存在。如果我们不加以重视，就会蔓延开了。所以请每位同事要自我反省，如果这种思想在你的工作中反映出来，我一定会把你清除出海底捞财务人员的队伍。”

看了苟总监的讲话，曾经做过成本会计的我倒吸了一口气，看来海底捞与众不同的不仅是服务员。

海底捞现在有上万名员工。海底捞总部在北京南三环附近一个非常不起眼的办公楼里，总面积只有500平方米，而且还包括半个夹层；张勇在总部没有办公室，苟轶群这个管钱大总管的办公室不到12平方米。同海底捞餐厅并不豪华的装修相比，海底捞总部仍然显得过于寒酸。

寒酸吗？不寒酸！

员工如果是顾客的话，干部就是服务人员；如果是服务人员，自然就不应该那样气派！

人都不傻，需要被提醒，胜于被教育。企业里谁最重要，正常人一眼就能看出来。

腹有诗书气自华

不按资历和学历，只按能力的晋升制度，是海底捞服务差异化战略的核心。一个没有服务员经历的管理者，再换位思考也是近台看戏。可是看戏，哪怕是资深票友，也不会真正理解以唱戏为生的压力与追求。这套晋升政策除了能保证管理层知道服务员的冷暖和压力外，更重要的是让绝大多数员工感到公平，因为他们大都是没有读过大学的农民工！

2006 年海底捞董事会决定成立工会。工会本来是工人自己的组织，但张勇为海底捞的工会赋予了特殊的使命，他在工会成立时发表了重要指示，他说：

“我们 11 家店去年接待了 300 万顾客，这些顾客绝大多数是冲着海底捞人的勤奋而来，这足以证明相当一部分海底捞的员工是优秀的。既然我们有这么多优秀的同事，我们为什么不把他们组织起来，再由他们去影响更多人，留在海底捞努力工作（这是张勇成立工会的目的）。因此，我需要最优秀的人加入到工会组织中，工会应该是海底捞的先进组织。（张勇真能发明创造！）

“一个无法回避的实事是，我们绝大多数员工来自农村，他们有一个共同的特征就是没有受过良好的教育，因此不可能像公务员和白领那样过上体面的生活。在陌生的城市，他们几乎没有任何有效的方法得到这个社会的尊敬。

“为什么这样？这一切怪谁？我们可以改变吗？我的答案是：谁也别怪，要怪就怪我们自己。北大清华每年招那么多学生，你能考得上吗？你知道要付出多少汗水和智慧才能得到大家的尊重吗？既然我们已经失去了一些东西，那么我们就只能靠剩下的本钱改变命运。这不是可不可能的问题，而是必须竭尽所能去改变。否则，我们的员工一辈子都要待在社会最底层，我们的后代也将重复我们的命运。因此，我们必须有一个组织来帮助和关心基层员工的成长，这个组织就是我们的工会。

“每一个工会会员都必须明白一个基本道理，我们不是在执行公司命令去关心员工，而是真正意识到我们都是人，每个人都需要关心与被关心，而这个关心基于一种信念，那就是‘人生而平等’。

“如果我们的会员意识到这点，我们就应该知道工会不仅仅要关心员工的伤风感冒，更重要的是为他们提供改变命运的平台。那就是拼命吸引更多的顾客来海底捞吃饭，不断开分店，提供足够的职位来改变更多海底捞人的命运，这才是对员工真正的关心。

“我要告诫大家的是：在你申请成为会员的时候，你一定要明白我需要的是真正善良的人，自愿从事这项伟大而烦琐的工作。如果你不明白这一点，我坚决不同意你加入，即使由于我的疏忽让你混进工会，我也一定想办法把你找出来，踢出去。”

我问张勇：“我看了你在海底捞内刊上发表的所有讲话，你多次提到‘人生而平等’这5个字，而且还打了引号；也有很多员工引用了这句话，你们知道这句话的出处吗？”

张勇说：“员工可能不知道，但我知道。这是法国哲学家卢梭说的，美国总统杰斐逊在《独立宣言》中也说过。”

我又问：“这些书你都读过？”

张勇说：“读过，而且很小的时候就读过。”

原来张勇小时候，家虽穷，但母亲是小学老师，家里总有一份《少年报》。因此，张勇从小便养成一个与大多数孩子不同的爱好——看报。这个爱好非同小可，它不仅改变了张勇的命运，也改变了成千上万海底捞员工的命运。因为看报让张勇学会了阅读，阅读能打开一个人的心灵。

张勇从小就是孩子头儿，可是在14岁的时候，他遇到了人生第一次打击。那是男孩子变成男人的生理发育期。不知何故，张勇的变声期格外长，差不多一年的时间，他讲话的声音总是不男不女。这个时期正是男孩子开始渴望引起异性注意的时候，可是公鸭嗓的张勇在女孩面前却不敢张口。

然而，“领袖”是高傲的，张勇不能忍受被人耻笑。此时，阅读爱好帮他找到了解脱，他一个人跑到县城的图书馆躲了起来，整整躲了一年，用书籍压抑他体内荷尔蒙的骚动。

幸运的是，20世纪80年代的简阳有个免费的图书馆。他很快就看完了图书馆里的言情和武侠小说。于是，这个14岁男孩开始把躲在角落里的卢梭、尼采、柏拉图、孟德斯鸠等西方哲学家的书囫囵吞枣地看了一遍。不仅如此，他还找到一切可以打发时间的书籍，甚至把《第三帝国的兴亡》读了三遍。80年代中期，恰逢中国刚刚开放，自由主义的思潮弥漫于各种报纸，每天在图书馆浏览各种报纸也成了他的必修课。

那时，很多成年人甚至都不知道世界上有基督教和上帝这回事。然而，一个14岁的青少年，不管是否看懂，竟有耐心看完《上帝死了》这样的书。我很好奇，这种不是被迫的、囫囵吞枣式的阅读，会在一个年轻的脑袋里，产生什么“化学”反应？

我忍不住问了张勇一个很傻的问题：“这些书对你最大的影响是什么？”

张勇思索了一下告诉我：“天赋平等的人权和尊严。”

接着张勇跟我讲起一件事：“海底捞北京望京店门前曾发生一起事件，一个卖水果小贩的三轮车被城管没收了，这是这个小贩第二辆被没收的三轮车。小贩与城管纠缠起来，情急之下拔刀砍死城管。城管被追认为烈士，小贩就成了杀人犯，要立即枪决。那段时间报纸上经常有关于这起案件的辩论。有人说：自古都允许小贩走街卖货，这是穷人求生的权利，为什么现在反而不许？也有人说法律就是法律，杀人偿命。”

张勇说：“这些辩论集中在要不要留那个小贩一条命，因为故意杀人罪也可以判死缓。我仔细看了这些辩论，感到一个社会的公平太复杂了，我实在搞不明白，也管不了，但在海底捞，我能说了算，我要尽量追求我认为的公平。”

“腹有诗书气自华。”没上过大学的张勇，谈吐起来有股书卷气，难怪土土的海底捞有着一种底蕴。

村看村，户看户，群众看干部！

海底捞很少请外面的老师对员工进行培训，原因很简单，中国很少有老师做过服务员。海底捞试过，让那些只懂理论和案例的人给海底捞员工培训，效果是隔靴搔痒。因此，海底捞的培训师大都是内部的干部，他们无一例外地都在基层干过服务员，而且是出色的服务员；不仅如此，他们的语言表达能力都很强。下面我摘录海底捞干部培训的两段内容，请读者看看海底捞的培训效果。

方双华是海底捞西安片区的经理助理，他在培训领班时说：

“领班每天与员工生活工作在一起，下面连着员工，上面连着店长，是企业的黏合剂，作用很重要。怎么做好一个领班？我觉得我们农村人常说的‘村看村，户看户，群众看干部’这句话，是一个很有用的启发。

“领班的第一职责是起到带头作用。带头作用不仅是指上班时，脏活儿累活儿干在前，也包括下班后，对公司制度要起带头的执行作用。比如我们一个店长，过年聚会时她作为纪律向员工郑重宣布，大家不要喝醉。结果所有人没醉，她醉了，醉得大闹宿舍，成为大家的笑谈。为此，她的威信大打折扣。

“领班的第二职责是关心员工。一个好的领班不能只把关心员工理解为有病关照和关心生活，更重要的关心是教会他们独立生活，承担责任，不断进步。如果一个员工在你手下连续做了两年的普通员工，那么你在生活中再关心她，她事后也不会感激你。为什么？你耽误了人家的青春。要么让她进步，要么放弃她，让她去别的地方谋发展，这才是对员工最好的关心。正如张大哥对我们的关心一样，他让我们用双手改变命运，这比任何关心都更有效，更长久。

“领班的第三职责是协调安排。如果一个领班只会起带头作用和关心下属，不会协调安排，那他只能当劳模。我们有些领班就是不明白这个道理，客人多时，他们不是在上菜，就是在走动，忙得不亦乐乎，可是有些新员工却在手足无措地站着。领导批评他们，他们还很委屈。这些领班就不知道蚂蚁搬家的道理，所有蚂蚁都能忙，但一定有一只大蚂蚁在旁边协调安排。”

好一个方双华，他对干部的理解可谓炉火纯青！没有实际管理经历的人，不可能说出这样的话。

北京小区经理谢英在谈到员工流失时说：

“作为一名管理者，我们一定有很多压力。对我来说，目前让我感到压力最大的是员工离职问题，因为现在餐饮业不容易招人。

“记得我们刚来北京时，很多本地人非常排斥我们，看不起我们这些不懂城市规矩的农民工。为了改变人家的印象，我们制定了一系列员工行为规范，比如，过马路不许闯红灯，不许踩草坪，不许随地吐痰等等。

“有一天，一名员工踩了草坪，我让他在员工大会上向大家检讨，结果他拒不检讨。我一气之下，就做出了开除他的决定。我的领导袁华强知道此事后，认为不应该开除，于是他同那名员工做了细致的沟通，把他调到另一个店工作。现在这个员工已经成为海底捞 4 年的老员工了。

“这件事让我明白了，作为一个领导，我们必须要有宽容之心，不能因为手上有权就滥用。如果这名员工被我开除了，不仅海底捞会损失一名好员工，他心里也会留下阴影，而他的命运将会走到另外一条路上。

“现在我对员工流失的问题处理得比较从容了。上个月，一名姓王的大学生提出辞职。我跟他说：小王，我很信任你，你一定要告诉我你离开的真实原因，要不我会很难受。因为我不知道我错在哪儿，或者海底捞哪些地方做得不好。

“他终于告诉我是他爸爸在外地给他找了一份不错的工作。

我为他有更好的发展前途而高兴，并告诉他，海底捞随时欢迎他回来，如果买不到车票，他可以继续住在宿舍里。

“通过这件事我想跟大家分享的是，不要因为员工离职就同他成为冤家。我们要让离职的员工对公司也心存感激。这样，他们在走投无路的时候还会回来，他们也会为我们做宣传。我们现在有很多是‘二进宫’的员工，这些吃回头草的员工的流失率要远低于第一次来的员工，因为他们在外面走一圈后，知道还是海底捞好。因此，我们对待员工流失的眼光必须放长远！

“现在我对每一个员工的离职都会分析，是正常流失，还是不正常流失，同时提醒自己是不是还有漏网之鱼——潜在的流失；我们哪里做得不好，是员工待遇的问题、晋升问题、评价问题、同事关系问题，还是员工不能吃苦。对这些问题，我们必须要细分，才能做到有的放矢。”

谢英在海底捞的第一份工作是洗碗，第二份是做员工餐，第三份才是做服务员，现在是北京海底捞的一个金牌小区经理。我问海底捞其他干部：“谢英怎么这么能干？”他们说：“谢英能培养干部，她培养的店长，很多是一级的！”

我一个同学的父亲叫梁炳文，2010 年 98 岁在北京仙逝。此老爷子可不简单，学的是飞机制造。抗日战争时做过四川空军基地美国B–29 轰炸机的翻译，没有他的翻译，那些美国飞机不能在中国降落，也就不能炸日本人。新中国成立后，他先后在清华和北航教书，1957 年被打成“右派”。其中一条原因是他说了一句话："外行领导内行，不是官僚，就是教条。"

我现在做了老师，经常被企业请去做培训，一想到老爷子这句话，就有点心虚。现在，知道了海底捞的培训，我更心虚了。

海底捞大学

2010 年 6 月，海底捞正式创办了自己的培训学校，海底捞把它称为海底捞大学。海底捞的员工更直接，干脆把这所学校称为"海大"。真有气魄！

听说海底捞要办大学，我既高兴，又期盼。高兴，是因为我是海底捞的粉丝；期盼，是因为我想看看这所大学能办成什么样？在"海大"开学的当天，我给"海大"写了一封贺信。

> 人为什么要上大学？因为要学更多的知识。人为什么要学更多知识？因为知识能让人的素质更高、能力更强。人为什么要素质更高、能力更强？因为素质高、能力强的人，对社会更有用。人为什么要对社会更有用？因为对社会更有用的人，赚钱更多。
>
> 人为什么要赚钱？因为钱能带来幸福。
>
> 对吗？错！
>
> 钱不能带来幸福，那些有大把钱的富二代未必幸福；

赚钱才能给人带来幸福。人家把自己的钱心甘情愿掏给我们是对我们能力的承认，因此，让社会承认才是幸福！

所以大学的真正目的应该是增加人的幸福感！

可惜，这个目的被很多大学忘记了，它们只注重知识的传承，忽视了能力的培养。于是，这些大学每年源源不断地制造出那么多不幸福的毕业生——毕业就失业。

人不幸福，对别人不会友善。海底捞员工为什么对顾客那么友善？原因就是海底捞的员工更多地受到了顾客们的承认——他们排队等着给我们掏钱！从这个意义上说，海底捞已经是中国餐饮业的一所学校。这就是为什么那么多同行挖海底捞的人，因为这所学校的“毕业生”能力强！

然而，商场向来是不进则退的战场。如果海底捞学校的毕业生在今天的竞争中可以取胜，明天的竞争需要的就是海底捞大学的毕业生了。我想这可能是海底捞创办这所大学的初衷。

企业草创初期更多需要的是勇气、热情和个人，然而要想建成能抵御风雨的巨轮还需要制度、流程和团队。我衷心希望海底捞大学能成为建造海底捞巨轮的船坞！

海底捞的花木兰

我曾经奇怪为什么美国迪士尼乐园把中国那么古老的花木兰故事拍成动画片？后来想通了，一定是女扮男装的木兰从军感动了迪士尼。迪士尼的市场是全世界，这个导演一定相信花木兰也能感动全世界。

他为什么相信花木兰能感动全世界，因为花木兰干了不应该由她干的活儿——参军打仗。

可是花木兰带给中国人的感动远远不如带给这位美国导演的，因为中国人早已习惯女人撑起半边天。公元690年唐朝就有了武则天女皇，美国到1920年才允许妇女参加选举。

中国女人的能干是真正的墙里开花，墙外香。

海底捞里有很多现代版花木兰，这些女人把孩子和老公留在家乡，一个人出来打工赚钱。

西安二分店的翁绍琼是一个年轻的母亲，她说：

“2003年8月，我和同乡的刘姐一同踏上去西安的列车，车窗外是为我送行的丈夫和女儿。车慢慢启动了，在那一瞬间，我的眼泪哗哗地流了出来，怎么也禁不住，嘴里一句话也说不出，大脑就像几岁的孩子，茫然不知所措。只听见窗外女儿大声哭喊着：我要妈妈……

“车开始加速，女儿在爸爸怀里拼命挣扎，似乎想要挣脱爸爸的大手，再让我抱抱。这时丈夫也神情黯然，低下头抱着女儿哭了。

“车越来越快了，我的心越来越难以平静。生活迫使我不得不背井离乡，离开我最亲最爱的人。西安，我离你越来越近了，海底捞究竟是怎样一个地方？会有怎样的一群人？我的命运会怎样？我心里一片茫然。

“可是我坚信，既然我选择了这条路，我就会踏踏实实走好每一步。因为总有一天，我会自豪地告诉女儿和丈夫，我没有让你们失望。今天的分别是无奈的，我将以百倍的信心迎接挑战，我期盼我们的明天会更好！”

翁绍琼是不是花木兰？

北京四店的何琼艳是一个把孩子扔在家，和老公一起出来打工的母亲。她说：

“我左盼右盼终于盼到休年假了，我们家离北京很远，来回坐火车要 6 天。休假的头天晚上，我像吃了兴奋剂，翻来覆去地睡不着觉。心里想，假如时间能加速该有多好。我总在想去年来北京时，小女儿还小，连爸爸妈妈都叫不清，不知现在变成什么样了。还想象我进屋后，见到年迈的父母，喊爸妈的那一瞬间。这种感觉在我脑海里不知重复了多少遍。

“在路上折腾了 40 多个小时，还没等到家我就给家里打了电话。第一眼看到父母时，感到他们的额头上又多了好多皱纹，两鬓还白了许多。这时我 10 岁的女儿高兴地跑过来帮我拿东西，可是 3 岁的女儿，只是默默站在那里看着。当她听到姐姐喊妈妈时，她说：谁是妈妈？妈妈在哪儿？原来她印象中的妈妈只在电话里。

“我强忍着眼泪，不让它掉出来，怕父母和女儿看见。我想我们当时离开她太残忍了，我们是趁她睡着的时候走的。在她最需要关心和照顾的时候，我们离开了她。想想她走路摔倒的时候，没有父母扶她，别的孩子能在父母怀里撒娇的时候，她父母却远在他乡。

“一天后，小女儿开始管我们叫爸妈了。她好像找到一年前的感觉，待在我身边一步不离。似乎觉得，她一离开，我们又会消失。晚上睡觉的时候，她的头依偎在我怀里。那一刻，我突然感到自己是天下最幸福的妈妈，感觉天地万物都不存在了，感觉家真是好温馨，家是一切，家才是落叶归根的地方。

“短暂的假期一下子就过去了。我好想帮父母把家里的活儿都干完。可是时间不允许，即使有一千个一万个舍不得，为了生活，我也不得不离开两个需要父母照顾的孩子和同样需要照顾的父母。当回北京的火车开动的一瞬间，我突然有一种冲动，想一下子跳下去回家！可是一想生活的艰辛，还是流着眼泪又一次离开了家。而从这一刻，心里就开始期盼下一次回家的假期。”

何琼艳是不是花木兰？

西安三店一位不愿意透露姓名的花木兰说：

“我父亲病了，我趁着火锅店的淡季请假回家看父亲。一路上就想，爸爸怎样了？妈妈一定累坏了，她一人又要种地又要照顾猪，还有照看爸爸。

“下了汽车，我一口气跑到县医院。路上给爸爸买了一些水果。当我站到303病房门口时，听到一阵阵咳嗽声。我轻轻推门进去，看着父亲斜躺在床上。瘦弱的父亲正在吃饭，他一手拿着半块干馒头，一手端着一杯白开水。一口馒头一口水，边吃边咳嗽。看我进来，父亲下意识地把干馒头塞到褥子下。

“我的眼泪一下子掉下来，抓住父亲的手说：‘对不起，爸爸，我没能照顾您。’可能父亲看见我有些激动，咳嗽得更厉害，边咳还边说：‘我没大事。’这时我姑进来说：‘你回来了，你爸妈可受苦了，他们还不让我告诉你，怕耽误你工作。看看就行了，你爸爸有我和你妈照顾呢。’

“爸爸说：‘不怪孩子，这次又花了4 000多，都是你姑和你妈东凑西凑借来的，可难为她们了。我的病没事，吃点儿药就好了。你快回去吧。’

“我连忙说：‘爸爸，海底捞又给我涨工资了，我一定好好干活儿，你安心养病，这是我攒下的3 000元。我不能在您身边照顾你，对不住了。’

“爸爸说：‘没事，你好好干。干好了，我们就放心了。’

“我深深在心里给爸爸鞠了一躬，暗下决心：我一定在海底捞好好干，挣钱给您治病！”

壮哉！中国女人！

海底捞女人们的故事让我眼睛湿了好多次，干了之后就瞎想，如果世界有女子奥林匹克运动会，中国的金牌总数绝对是世界第一。

海底捞的宿舍长

做餐馆标准化固然重要，但是好的服务是没法标准化的。比如，笑容就没法标准化，露几颗牙的笑算标准呢？

因此，张勇认为海底捞服务的标准化应该是，客人在海底捞碰到的每一个服务员都在尽心尽力地服务，都在高高兴兴地工作。比如，有的服务员不善言语，但他可以一溜小跑为客人服务；有的人喜欢讲话，可以陪客人海阔天空地聊天；客人不知道怎么涮火锅，任何一个服务员都会帮他涮，这就是海底捞的标准化。

如何能让员工尽心尽力地服务，高高兴兴地工作？既然员工也是顾客，这群特殊的顾客就需要特殊的对待。海底捞员工都是刚离开家乡的年轻人，他们在陌生的城市中，不太会照顾自己的生活。

为了满足这群特殊顾客的需求，海底捞有一个特殊的职位——宿舍长。她们大都由40岁以上的女工来担任。她们的唯一职责就是照顾好这些刚离家的年轻员工。海底捞的员工一般都叫她们阿姨。

西安三店的董小毅是这样描述她们的阿姨的：

好妈妈——仇阿姨

仇阿姨你在几楼？仇阿姨我们回来了。每当下班，宿舍里就会听到很多人在喊仇阿姨。这让我想起小时我放学后进家的第一句话，妈你在哪儿？我回来了。海底捞是个大家庭，仇阿姨像妈妈一样，关心我们的衣食住行、喜怒哀乐。

仇阿姨不仅是我们的寝室长，还是我们店的工会组长，她把我们的寝室打扫得干干净净，把我们的床铺叠得整整齐齐，天冷了，她把热水袋灌好，一个个塞进我们的被窝。她每天都起早贪黑地工作。有一次我和几个同事去一店吃饭，回来都凌晨一点多了。当我们回到宿舍时，看到仇阿姨正在门口眼巴巴地等我们，看着她那疲惫的身影，我们心里很不是滋味。

吃饭时，她总是提前把我们的饭菜准备好，一个个给我们盛饭，而她自己却最后一个吃。晚上忙时，她有时也去帮忙当服务员，对客人比对自己家人都亲切。当客人叫服务员时，她总是第一个冲到前面。

我们有苦恼时，总会找她倾诉；我们有困难时，也是第一个找她。好长时间了，我总想对她说：仇妈妈，您辛苦了，您是我们最好的妈妈。

2009 年 1 月，上海传出一个消息让很多海底捞员工心情凝重。上海一店的宿舍长，在海底捞工作快 10 年的倪水仙阿姨被查出晚期肺癌。上海一店的员工是这样描述倪阿姨的：

> 倪阿姨和另一位阿姨负责我们店的 3 套宿舍。倪阿姨的工作非常繁重，她从没怨言。不论我们回来多晚，她每天总是当夜把我们换下的工作服洗干净，第二天再给我们叠得整整齐齐。每当深夜员工下班时，她总是给大家煮好热腾腾的面条；员工生病的时候，她总是亲自送饭。宿舍里喝的纯净水，她总是骑三轮车，几大桶几大桶地从店里亲自拉回。
>
> 她用一个淳朴农村母亲的心，关怀着我们上海一店的员工。不管新员工还是老员工，大家都管她叫“倪娘”，因为她把员工当成自己的孩子来疼爱。
>
> 员工小陈永远忘不了一幕，那是个炎热的大夏天，倪娘骑着单车，车后挂着两个水桶，胸前还抱着一个。看到小陈一个人在路上走，怕她找不到宿舍，停下来非要带她一起走。
>
> 像小陈一样，很多在上海一店做过的员工转到其他店后，一回来总会去看倪娘。大家敬她爱她，不仅因为她照顾员工的生活，还因为她会开导员工，教他们做人的道理。

倪娘很苦，家里穷，唯一的女儿不在身边，丈夫跟她离异20年。之前，倪娘身体并没有什么异常，只是近两个月开始咳嗽，大家几经劝说，她才同意去大医院检查。拍完片，医院下了重症通知书。

倪娘看周围人的眼睛都红红的，知道自己得的是重病。她以前舍不得海底捞这个家，不愿意回自己四川的老家，这次终于同意回简阳了。她唯一的遗憾是："到明年4月，我就能拿到在海底捞服务10年的金元宝奖了。"

确诊的第二天，在工会主席和女儿的陪同下，倪娘告别了上海海底捞的员工们，坐上了回四川的火车（医生不允许坐飞机）。火车到成都时，公司联系好的救护车早已在站台等候。与此同时，公司代表把一枚奖励工作15年以上的金元宝送到倪娘手上。

11月3日，倪娘告别了人世。海底捞负担了倪娘的安葬费用。很多海底捞的员工听到这个消息都哭了，但同时也为倪娘感到欣慰，因为倪娘有了另一个家。她把爱给了别人，让海底捞的员工们在他乡找到了这个家。

海底捞像倪娘这样的宿舍长们，用行动让这群背井离乡的人们懂得了，有爱才是家，有家就能坚持！尽管背井离乡、工作繁重、地位低下，海底捞的员工与他们的同类人比仍是幸运的！

在讲授海底捞案例时，每当我提及寝室长这个职位时，很多同学都会谈富士康的“十连跳”。他们说，如果富士康有这个职位，可能就不会发生“连跳”了。

其实，一个寝室长的月工资也就 1 000 多元。

第三章

不要丢了西瓜

什么是职业精神？

海底捞服务员们送给后厨传菜组的小伙子们一个美称——飞虎队队员。传菜，顾名思义就是把厨房里的菜送到客人桌上，说白了就是端盘子的。一般讲究的餐馆，传菜和照顾客人吃饭的服务员是两伙人，照顾客人的服务员叫前厅服务员，他们需要更多的与客人沟通的技巧；传菜的服务员则需要更多体力，在海底捞，传菜员几乎都是小伙子。

火锅店的传菜量比一般餐馆要大很多，因为即使两人吃火锅，也要点五六样菜。海底捞的生意比一般火锅店好，所以传菜的工作量更大。

在海底捞吃饭，有两个场景可以作为娱乐项目观看，一个是抻面师傅边跳舞边抻面的表演，另一个就是传菜员们双手端菜的竞走比赛，客人多时他们甚至不惜“犯规”，一路小跑。

不明白的人可能问，跑什么呀？不就是送个菜吗，晚一两分钟有什么了不起？

你如果在海底捞干过，就会明白他们为什么跑。

客人在外面排队等着给海底捞送钱，他们是跑着捡钱呢！让上桌的客人快点吃完，外面等座的人才能吃呀！

西安五店的服务员蔡云侠是这样形容他们的飞虎队的：

“我们这十几个年轻英俊的小伙子，最显著的特点就是快如飞，猛如虎。他们个个脚步轻盈，健步如飞。每到就餐高峰期，大厅里每张桌子都坐满了客人，走廊上等座的更是熙熙攘攘。我每次去大厅拿东西，总是怕撞到别人。可是这些飞虎队队员，两手各托一个大托盘，上面装满了菜，举过双肩，与耳相齐，身轻如燕，稳稳当当。

“话说回来，冰冻三尺非一日之寒，这是他们平时苦练的结果。他们有这样一身功夫，同他们老大蔡新锋的言传身教分不开，是他的认真负责和激情带动了这支飞虎队。蔡新锋不仅身轻如燕、快步如飞，还有一个绝招——‘钻’。每当客人多得转不开身时，只见他一躬身，不到两秒就‘钻’到前面。

“而他们的‘猛如虎’不是说他们凶得像虎，而是形容他们擦桌子的动作，我常常被他们收台（海底捞传菜员也负责清理客人吃完的桌子，他们称为收台）的表演所吸引。

“一张桌子三道擦：头道用桌刷，唰唰两下，抹布再绕桌子，残渣剩饭一扫光；二道，噌噌，要不了10秒，水渍油渍全完蛋；三道，刷刷刷，一条洁白的毛巾，从锅圈向桌边环绕过来；刚才还是脏了吧唧的桌子焕然一新。一眨眼工夫，毛巾在服务员手中翻了个跟斗，用另一面去履行它最终的使命——让桌子光亮照人，这次是从桌边向锅圈环绕，还是那样迅雷不及掩耳，一瞬间像变魔术一样，一张马上能接待客人的桌子就准备好了。

“很多客人看他们擦的桌子都笑着说，比他们家的饭桌干净好多！”

我们在研究海底捞案例时，发现这些飞虎队队员的工作量是巨大的，每天他们行走的距离不少于10公里，而且忙时要端着菜小跑，因此，脚气是他们的职业病。

俗话说久病成医，我把海底捞员工自己传播的一个治脚气的方法摘录如下。事先声明：此法未经医学验证，有人用此法出了问题，概不负责。

西安二店的王妙华详细介绍了他的土法：

“在海底捞做传菜员没有几个不得脚气的。我们每天晚上上床前的首要工序是泡脚，然后是挠脚，最后是擦药睡觉。第二天又周而复始……

“为什么会这样，原因很简单，我们每天跑动的时间长，脚容易磨损；还有我们每天回来泡脚，乱用脚盆互相感染。刚开始是肿痛变成痒痛，接着起泡泡，再下来就化脓、干痒、掉皮、腐烂。我们会恐慌，严重时也会看医生。贪财的医生会这样说：

要打吊针消炎。其实完全没必要，打吊针既浪费时间也浪费钱。

“我为什么会知道这些？因为我也有一双烂脚丫，它们老是让我哭笑不得，于是我动了真格到处寻医求药。有一天被一个无名小辈点化了。他说：傻瓜，你用牙膏试试！

“开始，我还不以为然，我那双脚丫可是试了太多偏方。不过，后来还是死马当活马医。一试，效果真神奇！

“具体方法如下：先用热水泡脚，擦干水，然后抹上牙膏（一定要用白色膏体的普通牙膏，不要用那种透明的）；过三分钟后，再用清水洗净。这样你会感到双脚清爽，肿消了，痒也止了，连续使用效果更好！如果坚持下来，你会有那种久病初愈、大快人心的喜悦。

“最后，我想告诉大家的是：我在生日那天许的其中一个愿，就是祝愿海底捞的传菜员们每人都有一双好脚丫！因为改变命运靠的不仅是双手，还有双脚！”

我的一个大学同学，20 世纪 80 年代去澳大利亚留学。下了飞机兜里只有 100 澳元，为了活下来和完成学业，他在澳大利亚的第一份工就是当餐馆服务员。这份工，他一干就是 5 年。

2000 年，大学同学在北京聚会。他说，他在澳大利亚最初几年的生活费和学费就是那个餐馆的客人给的。说着说着，他站起来为全班同学表演，一手端一个盘子疾走传菜。那一刻，所有同学都停止了说话。

说实话，很少有人愿意端盘子。

可是命运无常，如果你摊上了，我的同学和海底捞的传菜员们就是你笑对人生的榜样！

我的同学是广东人，他顽强地继承了广东人那种不怨天，不尤人，马死落地行的文化。同大多数同学比，他的钱不算多，地位也不显贵。但，他赢得了同学们的尊重。

什么是职业精神？就是把自己不喜欢做的事情，做得比任何人都好！一个有这样精神的人，即使你看不起他的职业，你也不能看不起他！

那一刻我哭了

海底捞北京七店的万凯丽，现在在描述他们店开业的情况时依然还很激动，她说：

“记得我们店就要开业前，我们想让附近的北京市民知道这个新店，于是我们组成了一个宣传队。这个宣传队又分了几个小组，每个小组划定了各自的宣传地区。我们每天不到 7 点就出发赶往指定地区，一路上我们给好多人发放我们店的名片。

“但事情并不像我们想象的那样顺利，有的人看也不看就把名片丢了，即使你解释得再好也没用。此时，我真有点灰心。但是店经理谢姐鼓励我们，只要发，就有发出的效果。不过也有客人看到我们身上的海底捞飘带主动过来跟我们要名片，这说明还是有人关注我们的，这又让我拾起了信心。

“在开业的前两天，我们开始组织集体游行式的宣传，我们走到街上，几十个人一起喊，海底捞火锅即将开业，海氏员工期待您光临！

“随着我们的高声呐喊，路人都转过头来注视我们，有的人还给我们鼓掌。后来，我们的声音越来越大，整个街道都有我们的回音，于是，也惹来了麻烦。城管来了，他们从几辆执法车上下来，气势汹汹地把我们围住。我们真害怕，不知道他们要怎么处理我们。

“这时后堂经理指示我们女孩先走，把宣传资料藏起来。他们男孩留下等待城管处理。过一会儿，他们也过来了，说城管只没收一些名片，让我们不要再喊口号了。于是，我们只能换地方。当我们列队离开的时候，很多路人用掌声鼓励我们，还有人说：凭什么不让宣传？那一刻我不知为什么竟流出了眼泪，我的几个同事也哭了。”

人对习以为常的事情不会感动，农村来的服务员受城里顾客不礼貌的对待，受城里人歧视和欺负是常态，比如城里人不愿意跟他们做邻居，非法阻挡他们入住高档小区。因此当城里人偶尔帮助他们的时候，他们感动了。

西安二店李小绵也遇到过城里顾客让她感动的事，她说：

“那几天一直有一种感激之情在我心中回荡。说实话我做的是连同事和亲戚都看不起的工作，可是一个客人竟对我表示了尊重，这让我感到无比骄傲。我是一个清洁工，一次我正在拖地，客人多忙不过来了，吧台让我给 3 号台拿 4 瓶啤酒。

“我拿过去后对客人说，您好，需要打开吗？

“客人看了一下说，好。

“可是当我给客人倒酒时，客人说，我要的是雪花干啤，你怎么给我拿的 9 度？我对着单子一看，酒是拿错了。我马上跟客人说，对不起，我马上给你们换。

“客人看我态度好，就说，这酒拿下去，是不是要你自己承担？

“我说，这是我的错，我应该承担。

“客人说，那我们就喝这个啦。

“客人越客气，我心里越不舒服。我是后堂保洁员，对前堂不太懂。我跑到水果房，给客人拿了个大果盘，还包了一包酥黄豆。我跟他们说，啤酒搞错了，对不起。送给你们吃这个吧。

“他们走的时候很高兴，说海底捞的服务就是好。

“第二天中午，我拿着拖把正经过大厅 10 号桌，一个年轻的客人跟我挥了挥手说，姐，我又来了。他看我愣了一下又说，你不认识我了，你昨天给我拿错啤酒那个？

“我一下子记起来了，忙说，昨天的事对不起。

“他说，大姐你别放在心上。

“他旁边的人说，他昨天晚上吃你送的豆豆，吃得一夜都想来海底捞。这不，今天朋友过生日，又被他拉来了。

“我连声说谢谢。

“他的朋友说，他是搞房地产的，以后买房子就找他。

“我说：你看姐这样子，能买得起房子吗？他说，怎么不能？海底捞生意这么好，你好好干，一定能买得起！

“那天晚上，我在宿舍睡不着了。”

显然，李小绵的运气好，第一次服务就碰上这么好的客人。海底捞的服务员每天对客人哥呀、姐呀、阿姨、大叔的可能要叫上几百遍。然而，只遇到客人一次这样称呼他们，他们就睡不着觉了。

她为什么睡不着？

是因为受到了客人的平等对待。

海底捞很多员工都有拒收客人小费的经历，海底捞的内刊也刊登过这样的事迹。显然海底捞把为客人做好事、不收额外报酬看成是一种好的行为。

我带一个曾在澳大利亚做过餐馆的朋友来海底捞吃饭，他对海底捞的服务赞不绝口。餐后他要给小费，海底捞服务员不收，他很不解。他跟我讲，尽管澳大利亚没有给小费的习惯，但服务员也是期望小费的，特别是高档餐厅。如果客人给得过少，他们会很生气。有的服务员在客人转身离去时，把几毛钱的小费连同剩饭剩菜一起倒掉。

于是我瞎想，服务员的确没有尊严，但海底捞的服务这么好，如果允许服务员收小费，是不是对他们心里多少有些补偿？他们是不是就不至于感动得睡不着觉？人都是有尊严的，被逼无奈付出尊严，多一点回报才合理。

可是转念一想也有问题，中国没有付小费的习惯，如果一旦鼓励收小费，海底捞的服务是不是就变味了？

最讨厌的客人是同行！

在海底捞做服务员同别的餐馆还有一点不同，那就是必须学会如何服务同行，因为来海底捞吃饭的同行太多了。

俗话说“同行是冤家”。要问海底捞的服务员，什么样的客人最讨厌，他们一定会说“同行”。

“1月8日，凌晨两点来了一桌客人，他们一坐下就让人感到来者不善。他们对什么都发问，吃雪花牛肉时问我，一份是多少两？我说是4两。一个女客人说，你确定是4两吗？我说是。然后，她亲自去后厨称，一称还4两多一点，于是什么也没说就回来了。

“到了包间后，她感觉很没面子，就说，你们什么都收费，豆浆和柠檬水也要钱，还这么贵！然后，又问，羊肉一份几两？我说是4两。她说，4两就卖28元？你们这简直是敲诈！我要去物价局告你们。她还说她就是工商局的，边说边用勺子敲盘子，越说越可怕。

“接着他们把每一份菜都过了秤。有一盘稍稍差了一点，我刚说对不起，还没等我说马上给你们加一些。他们中的一个人就把一杯水泼到我脸上。”

这不是培训服务员的案例，而是真实发生在海底捞上海二店的事情，那个被人泼水的服务员叫陶霞。

如果你是陶霞，该怎么办？

此时，值班经理过来了，要把陶霞换下。可是她把脸擦干后，含着眼泪又微笑着进了包间。

此时，那一桌客人都安静下来了。

人呀，太坏的总归是极少数。上帝造人的时候，毕竟给人安了颗心，心知道廉耻。过了一会儿，这些同行说了实话，他们也是火锅店的，听说海底捞服务好，这次就是想来试一试。

北京四店的张瑜说起为同行服务也很有感受，她说：

“有一段时间，我们对面要开一个火锅店，他们的人天天来我们这边吃饭，搞得我们很紧张。担心他们开业后，会抢我们的客人。同时每天也有其他同行来吃饭，很多同事都很害怕这些同行，因为他们非常挑剔。

“这些同行一般都是晚上 10 点钟左右才来，而且十几个人一起来。有一天晚上要下班了，又来了十几个很凶的。我留下来加班，不管他们怎么挑剔和无礼，我都一直对他们好好的。后来，他们的头儿悄悄跟我说，他们是来学习的，因此分外挑剔，还要故意刁难我，叫我别介意。我听了之后很感动，也就不太害怕了。

“后来这些同行来得多了，我慢慢有了一些为同行服务的心得，希望在此同各位同事分享：

“为同行服务时，我们首先要调整自己的心态，千万不要有——他们也是服务员，凭什么我要伺候他们的心理。我们要明白，只要是顾客，不管贫贱，哪怕是乞丐，都是我们的老板。我们不能嫌贫爱富。

“我们要更热情和耐心地为他们服务，他们无非是要求多一些，我们多跑跑腿儿就是了。只要我们始终如一地做好细节，笑容多一些，更主动一些，一定能赢得他们的满意。

“还有，我们不要担心他们把我们的东西学会，然后挤垮我们。海底捞的本质不是那么容易学的。他们可以学我们的服务细节，但他们不可能真正学到‘想顾客所想，急顾客所急’。他们的笑容不可能比我们真诚，因为他们公司对他们不会像我们公司对我们这样好。

“当然我们也不能太乐观，同行都在学习进步，我们落后了，也会挨打。

“最后，我们应该骄傲。为什么那么多同行来学习我们，因为我们有值得他们学习的地方。现在很多餐饮企业也让他们的员工住我们这样的公寓了，也给客人提供了很多免费的服务。下次，如果我们遇到同行，我们应该高兴地跟自己说，我今天要让你们体会一下什么是真正好的服务！

“同事们，加油！”

可惜，像上面这两个为同行服务的案例这样的结局毕竟是少数，更多时候，这些挑剔的同行往往在海底捞闹得不欢而散，有的甚至同海底捞的服务员打起来。

一天，我跟海底捞北京大区的总经理袁华强约好见面，可是见面时间到了，袁华强突然来电说："黄老师对不起，我今天过不去了。我们望京店来了几个同行，吃饭时跟我们服务员打起来了。结果，我们人多把人家打伤了，现在都被公安局抓去了，我要马上赶过去。"

第二天我见到袁华强，问："餐馆生意经常要面对和同行打架的事情吗？"

他说："不是经常，但有些同行客人的确很难伺候。"

按理说，都是做服务员的，都不容易，应该互相体贴才对，为什么反而关系不如普通客人？

我问一个跟同行打过仗的服务员："这些同行客人为什么讨厌？"

他说："他们净装孙子。其实他们一坐下，我就知道他们是服务员，因为干我们这行的人，除非是老板，否则，不论你怎么打扮，怎么装，也能让同行看出来。你看，干服务员时间长了，坐的时候都不像一般客人身体往后靠，而是往前倾。如果他们老老实实说是来学习的，我们哪能跟人家打仗，肯定还要给他们优惠。可是他们偏不，反而装成公务员，对我们呼来喊去，一口一个服务员地叫。你不也是服务员吗？

“他们一这样，我就烦；再加上他们知道我们海底捞有授权可以打折，就故意挑毛病，逼着我们打折。如果我们不打，就闹矛盾。特别是有些同行看我们生意好，故意来捣乱，那就只有战斗了。”

小伙子的话让我明白了，原来服务员自己也看不起自己。如果这些挑剔的同行真是公务员，海底捞的服务员也就忍了；如果海底捞的服务员真按对待公务员的态度对待这些同行，冲突是不是可能就不至于升级了？

看来全世界都一样，暴力事件更多地产生于自卑的群体。

占小便宜的顾客

上海四店的服务员郭春莉说，有一天，她遇到一件很不开心的事。

当时她照看一个雅间，里面有八九个上海本地客人。这些客人吃了很久，消费也不高，中间却让调料师傅加了三次调料。后来他们偷偷把调料打包了。小莉发现后，他们说，你们的调料很好吃，我们要拿一些回家。

到火锅店吃火锅竟然打包调料，小莉当时就不太高兴，但也不好说什么。可是结账的时候，他们竟然还要小莉打折。

小莉有些不情愿，他们就说我们上次来都打了折，这次为什么不打？如果不打我们就到网上投诉你们。最后，因为他们的确是老顾客，小莉只得给他们打了折。

上海四店的吴君快对一些上海顾客印象也不好，她说：“他们太爱占便宜了。一次我在雅间服务时，看到一位顾客把几条毛巾塞进包里。我提醒他，毛巾是要回收的，他也很理解，当场拿出来。”

结完账，他们一起来的客人都走了，只剩下买单的。小吴又发现雅间里的围裙少了5条。于是就跟买单的顾客说：“您的朋友拿走了5条围裙，这是不能拿走的；少的话，我是要赔钱的。”那个客人虽然一个劲儿道歉，但表示不知道是不是自己朋友拿走的。没有办法，小吴只有让他走了。

另一件事也是发生在上海四店，是小王碰到的。买单时，一拨顾客要把调料台上的水果全部打包带走。小王说：“这群顾客已不是第一次这样做，很多服务员都认识他们，每次他们来，认识他们的服务员都很烦恼。一方面我们不能得罪顾客，另一方面也很看不惯他们的做法。”

所以小王只好尽量劝说他们。可是他们反而把小王赶出雅间，并理直气壮地说：“海底捞这么大，连这点东西都舍不得让人带走吗？”最后，我只能眼睁睁地看着他们把水果带走。

面对这样的顾客怎么办？小郭、小吴和小王想了好多方法，但总觉得不很妥当，比如：

1. 当发现顾客把非赠品带走时，不要当面指出，这样会伤客人的面子。可是如果他们真以为是可以带走的，再告诉别人，我们店会损失很大。

2. 我们应该事先把这些非赠品不能带走的信息告诉客人。可是如果客人根本没有想拿，受到这样的提醒，肯定会不好受。

3. 对打包水果的客人，是不是看到他们来了，就事先让水果房准备一些水果赠送给他们，这样就免得他们把水果一下子打包了，别的客人要吃，还要等。可是这样做也不妥，水果虽然没有几个钱，但对不拿水果的客人不公平。

4. 要不搞个内部黑名单，把这种客人记录在案，他们一来就让经过专门训练的员工对付他们？

……

对这样的顾客怎么办？

看来“顾客是上帝”这句话有问题，因为有些顾客不是上帝。上帝绝不会把如此用心地“一桌一桌抓顾客”的海底捞服务员难为成这样！

海底捞就不应该伺候这样的顾客！

可是餐厅的门打开了，能把顾客赶出去吗？

海底捞难道没有制度规定，哪些东西能送，哪些东西不能送？

当然有。可是海底捞管理的精髓恰恰是，为了让客人满意，员工可以超越流程和制度，对不同的客人实行差异化服务。

如果一定要杜绝这些极少数不顾廉耻的行为，让员工失去对绝大多数顾客提供差别服务的灵活权力，海底捞就不是海底捞了。

天下没有白吃的午餐，任何制度都有成本，被这样过分的顾客占便宜，给海底捞为所有顾客提供更好的服务增加了成本。大多数上海顾客一定不是这样的市侩小人。

一位住在上海普陀区曹杨六村的张女士写道：

我是上海普陀区的一位市民，也是你们普陀区海底捞的常客。我们每次去铜川路的海底捞，来去出租车费要30多元。但是我80多岁高龄的母亲特别喜欢吃海底捞，她说，海底捞火锅店的服务，从门口的热情招待，到里面厕所的服务，都是上海一流的。更不要说服务小姐了，她们每次都让我们感受到一级服务的享受和家庭般的温暖。

昨天11月27日，我和母亲又叫了一辆车去你们铜川路店。我母亲又一次被你们店的薛永珍经理、高丽红小姐以及雷纯恩先生的热忱服务深深打动。他们不仅扶我母亲找座位，还扶我母亲上厕所。嘘寒问暖，问我母亲吃什么，要什么。只要我母亲一张口，他们就动作很快地满足我母亲的要求。吃完饭，他们还送给我母亲一点礼物——南瓜和豆腐。我母亲高兴地回来后，就给我妹妹和哥哥打电话。而我哥哥和妹妹一定要我给你们写一封感谢信。

老板你真不容易，你知道你们员工对你的评价吗？

他们都说，老板对他们非常好，如果他们好心做错了事，你从来不会批评，而是跟他们好好说。哪个员工有困难，你也都会帮助。

老板你真了不起！员工能在你背后说你好话，那一定是你的善良把员工打动了。你能培养出那么多尊敬你、爱护你的员工，一定是跟你平时的教育分不开。今天我提笔特意向你表扬薛永珍、高丽红小姐和雷纯恩三名员工，以表达我母亲的心愿，鼓励他们继续这样工作下去。

正常人都有一颗感恩的心，低素质的上海人毕竟是少数。

你是这样的顾客吗?

海底捞的很多做法都被竞争者们纷纷模仿，可是海底捞的普通员工可以给顾客打折、送菜和免单的权力，却一直让竞争者们不可思议，不敢模仿。竞争者的担心是有道理的，给基层员工这样大的授权，不仅会有滥用的可能，还会怂恿一些顾客的过分要求。

任何权力都是一把双刃剑，海底捞员工的打折免单权，有时也会让员工无所适从。

北京七店的曾令敏说：

“我来海底捞两个月了，服务了N桌客人，有的满意，有的不满意。不满意的我知道原因，但我不知道是不是我错了。虽然我们的宗旨是，不要求每一桌赚钱，但要求每一桌满意；尽管我有让顾客满意的授权，但我不喜欢这样做。

“昨天来了三个客人，刚一坐下，一位姐就说：哎，服务员，把你们那个花生米送我们一份。

“我说：姐，不好意思，那个花生米不是送的。

“她说：谁说的呀，我们每次来，×××就送我们一份，你怎么就不送？那你们有什么免费的？都给我拿上来。

“我说：姐，我们这里等座的小吃是免费的，您要是要，我可以给您拿一些。

“吃到中途，她又说：服务员，拿餐巾纸来。

“我说：好的，姐，马上来。

“她又说：这个是免费的吧，要钱就拿走！

“我说：姐，这个是免费的。

“结账了，她们两个抢着结。我对另一位说：姐，下次你再结吧。

“没想到她说：还下次，叫你送东西都不送，谁还来呀？

“我真的无言以对，难道我真做错了吗？

“还有一次，来了一桌客人，刚坐下就有人说：你们这是不是经常换服务员呀？

“没有呀，姐。我说。

“那你把××给我叫来，我要他服务。”客人说。

“我说：为什么呀？姐。

“她说：我每次来他都送我潮州牛肉丸。

“我说：不好意思，姐，我们这里没有送菜活动。

“谁说的？我每次来他都送我。她说。

“我回答：这样吧，姐，我是刚来的，我不太清楚，我给你问一问。

“她说：唉！你不用问了，你叫他来服务就行了，你不是当官的，你不敢；他是领班，他敢送。

“我没说什么，笑了一下。领班过来了，送给他们两份面条。

“她说：就是嘛，这小女孩真不懂事。

“我又哪儿错了？

“我现在真搞不懂什么是授权？什么是满意？是客人叫我们拿什么，我们就拿什么；有什么要求，就满足什么要求，才是客人满意？她当时叫我送花生米，我马上送她一份，她当然满意了；她要我送牛肉丸，我也送，他们不就也满意了吗？

“也许有的同事会让这两桌顾客满意。送呗，反正有授权。但我想一定也有人像我这样，不送。像我这样，就得不到客人的满意。如果客人的满意率就是这样得来的，我做不到。我不喜欢这样做，也许我真错了。”

北京三店的王斌说：

“他们说的还算小事，我碰到过一次投诉。那是凌晨1点多，我们在结账时多收了人家一杯扎啤钱，可是竟搞到无法处理了。我跟他们说：大哥对不起，的确多算了一个扎啤，我马上把钱退给你。

“客人听都不听，说：这不是退不退的问题，我现在很不满意，我知道你们有打折免单的权力，我不想让你们免单，但你要给我打 5 折。必须!

“然后，我说什么都没用。等了一会儿，客人不耐烦了，说：不要再犹豫了，能不能处理？不能就把你们经理叫来，马上免单，你信不!

“我没说什么，领班最后给他们打了 5 折。可是那天晚上，我陷入了无限的惆怅。”

上海二店的杨磊遇到的事情也让她难受，她说：

“一天晚上 9 点多，大厅 50 号来了 4 个 20 多岁的年轻人。菜刚上桌还没怎么吃，他们就叫服务员过来，说他们点的海鲜组合中，有一只生蚝少了一块肉。我估计很有可能是敲生蚝时，不小心敲掉了。我跟他们解释，并提出：要么给他们加一个生蚝，要么把这个菜退了。可是他们说什么也不同意，不退，不换，不要赠送，非要片区经理的电话。最后我们把沈哥的电话给他们了，沈哥给他们免了单。

“看着这桌客人，在这么短的时间内从一个个锱铢必较的小人变成谈笑风生的君子，我觉得很郁闷。难道就因为这么一个小小的失误，我们就必须免单？这桌客人让我完全丧失了当晚服务的心情，我待在后堂好长时间才恢复。我希望各位资深、有经验的老员工能给我一些好的建议！”

送菜的钱又不是从员工口袋出，这三个员工为什么这样不舒服？

是因为他们的权力被人剥夺了。权力不是义务，义务是没有选择的，你必须做，比如公民守法；权力是有选择的，可做，可不做。海底捞员工的送菜和免单权，是员工根据自己的判断，可以行使，可以不行使的。

然而，这些客人逼着他们行使了权力——你只能给我打折。人的权力被夺走了，自然就没尊严。人被逼着做不喜欢的事和讨好不喜欢的人，心里当然不好受。

我问张勇："面对这样的顾客，你会怎样处理？"

张勇说："一是满足他们，和气生财嘛。这样过分的顾客毕竟是少数，哪个餐馆也不会被这些过分的顾客给吃垮。二是拒绝他们，连这些新员工都知道他们的要求不合理，那显然是过分了。这需要服务员根据当时的情况，自己做出判断。"

噢，看来做一个好服务员真是不容易。如果你遇到这样的顾客，你能心平气和地为这样的顾客服务吗？

"我最讨厌别人叫我服务员！"

我相信上文那三个被客人逼着行使授权的服务员，一定是"80后"的，因为他们在描述故事的时候，很恰当地使用"N次、郁闷”这些现代词汇和频繁地使用挑战性的反问句，比如，“我又哪儿错了？”这表明“80后”的人，即使是从农村来的，也比他们的父兄辈更在乎自己的尊严。

为了研究海底捞，我派了一个“80后”的助教，潜入海底捞当服务员。两个星期后，瘦了一圈的她见到我第一句话就是：“黄老师，我现在最讨厌别人叫我服务员！”

我不解地问：“不叫服务员，叫什么？”

她说：“小妹呀，老弟、小伙子……叫什么都行，就是别叫服务员！”

在这三个员工被逼打折的故事中，我估计这些客人一开始就引起了他们的反感。比如，这三个服务员在讲述故事的时候，不约而同地把客人称他们为服务员这个情节，很突出、很详细地描写出来。尽管他们一口一个“姐”和“哥”地称呼着客人，这些客人还是一口一个“服务员”地呼来唤去。于是，我相信他们一定不喜欢这些客人了。尽管职业的要求让他们必须笑脸迎客，但人这种东西，情绪是掩盖不住的。客人也一定会接收到他们微妙的负面反应，于是，冲突就越来越升级了。

其实不仅是中国，全世界的服务员都不喜欢被人称为服务员！为什么？心理学揭示，人越在意什么，对什么就越敏感；越是自卑的人，自尊心就越强。服务员无疑是比较底层的职业，自然不希望被人不断提醒。

一个海底捞的小伙子跟我说，一次放假，他在海底捞店里吃火锅。吃得高兴，得意忘形起来，也像其他顾客一样对服务员直呼服务员，结果遭到一群服务员的狠狠白眼。

怎么称呼服务员？称同志，似乎老土且不合时宜；称小姐，容易误解；称兄道弟，不仅不准确，也不方便，因为要估计服务员的年龄。

在英国，顾客往往说："打扰一下，我要一杯咖啡。"

香港人一般说："多谢，请给我一壶茶。"

英国对香港100年的殖民统治，给中国民族留下的不仅是屈辱，也有一些文明，尽管这些文明可能是虚伪的（香港人也不会对服务员高看一眼）。可是文明总归是文明，即使是虚伪的，毕竟让心理自卑的服务员不那么反感。

张勇的太太，现在是出门有司机，孩子有保姆，做饭有厨师的十足富太太。一点也看不出来，她在海底捞创业时期，也曾在火锅店里打拚过。

她说："黄老师，如果有下辈子，我再也不做餐饮了。苦累不说，还要受气。我们这个小地方，很多单位吃饭都挂账。有一次，一个干部模样的人喝了点儿酒，结账时要挂账。我问他是哪个单位的。

"他说：你看我像是干什么的？

"我说：大哥，我看不出来您是干什么的。

"他说：老子是卖白菜的！然后一拍桌子就要走人。

"我不让他走。结果，他站在那里骂我。张勇过来了，我跟他说，这个人挂账不说单位，还骂人。结果，张勇不但不帮我，还让他走了！我当时难受死了。”

说到此，张勇的太太哽咽了。看得出，她是个典型的敢爱敢恨的川妹子。

张勇的太太又说：“还有一次，一个人挂了200多元的账，半年多都没还，我去他单位几次都没找到他。一个星期天，我在公园里遇到那个人，我过去跟他说，大哥，能不能给我们结一下账？结果，他恼羞成怒，指着我的鼻子说，就200元钱，还值得你大礼拜天向我要账，你也太不识趣了！我忍不住要跟他争辩，张勇又是把我说了一顿，还向他道了歉！这些事我一想起，到现在都委屈！”她的眼泪又流出来了。

我跟张勇说：“创业初期，你太太跟你吃了很多苦。”

张勇不屑一顾地说：“那叫什么苦呀?！像我们这样没上过大学、没有专业、没有背景的人，再不想伺候人，还能干什么？她就是太太的命。在店里做了一段时间，我就让她回家了。她用那种态度对待别人，哪个客人还能回头？不仅不会再来，人家的朋友也不会来。其实，我们在简阳做了这么多年，一共才有不到两万元的坏账，你为了这两万元钱，把客人都当成跑单的，这不是丢了西瓜捡芝麻吗？”

海底捞员工在客人们面前表现出超过常人的谦卑、忍让和殷勤，我从张勇太太的故事中得出了答案。原来这不仅是张勇的要求，也是他自己身体力行所信奉的价值主张。

中国不是法国，做餐饮的可以和客人平起平坐。在中国，做服务员就要忍受别人叫你服务员！

我问张勇的太太："如果你知道，下辈子还能有今天的幸福生活，但还要通过当服务员来实现，你还当不当？"

她想了一下，笑着说："我还当。"

第四章

海底捞的危机

张勇的担忧

海底捞出名后，很多投资银行的人找张勇要参股，要帮海底捞搞上市。

按常理说，一项生意不缺钱，没有必要让别人参股和上市。因为参股和上市就要把股份分给别人，好处是拿到别人的钱，坏处是把公司的股权让一部分给别人。

可是张勇也开始筹划上市了。

有一次我同张勇讨论上市问题，我问他："海底捞既然不缺钱，为什么还要上市？"

张勇说："上市可以促进公司正规化。"

我说："这一定是想帮你上市的财务顾问说的吧？其实，一个公司真要正规化，不一定非要上市。我知道餐饮生意现金收入多，因此餐饮行业瞒税很普遍。可是如果你不想瞒税，不需要用上市来逼自己呀。这等于一个人为了不犯罪，非要住进监狱里一样。

“我估计一定还有财务顾问跟你说，上市可以提高公司知名度。可是你的海底捞还用上市提高知名度吗？你在谷歌和百度上的搜索都超过100多万，这比90%的中国上市公司都有名！”

张勇说：“我总有一种无形的恐惧，我们海底捞是一个平民的公司，没有任何根基，没有任何背景，做到了现在这么大，而且会越做越大。生意越大，麻烦越多；如果我们是上市公司，碰到惹不起的人和麻烦，可能就多一层保护，至少上市公司的地位和社会股东也能帮助我们。”

真是不当家，不知柴米贵！企业家的恐惧一般人体会不到。

张勇的担忧还不只这些。

从偏僻的四川简阳一路杀到北京和上海，张勇发现海底捞很有竞争力。于是，他的战略目标就变成了：“我要把海底捞开到全国的每一个角落，做中国火锅第一品牌”。

按照一般连锁经营的商业逻辑，目前势头这么好的海底捞要成为中国第一火锅品牌似乎不难，因为商业模式、管理团队、中央厨房、原料基地、物流系统和服务流程都已日趋成熟，只要有充足的资金或者通过加盟店的方式，就可以快速地扩张起来。

然后张勇却认为这事急不得，因为他有一块心病没解决。

他认为海底捞的所有做法别人都可复制，只有海底捞的人是没法复制的，而这恰恰是海底捞的核心竞争力。

可是上哪儿找这么多海底捞的人呀?! 千万不要以为都是农村来的打工者，都住在海底捞有空调、能上网和有人给打扫卫生的宿舍，就能干一样的活儿。一个人在海底捞可以干12个小时，还笑着说不累；另一个人干12个小时，就要愁眉苦脸逃跑了。一个人真相信在海底捞靠诚实肯干，用双手就能改变命运；另一个人则总是希望钻空子，走捷径。

师徒制的弊端

海底捞人的培养建立在师徒制的传帮带基础上，比如，张勇是杨小丽的师傅，杨小丽是袁华强的师傅，袁华强是林忆的师傅。这四个人中除了张勇无师自通之外，其他三个人的脱颖而出，都得益于师傅的发现和培养。

这四个人都没有受过正规的大学教育，而且都出身卑微，不怕吃苦，极其顽强、进取和自信；不仅如此，都有很强的学习能力和领悟能力，他们是典型的能力不等于学历的例子。他们是同类，同类自然容易理解和欣赏；因此，他们一个带一个，相继成为海底捞的管理骨干。

然而，当海底捞变得越来越大，发展越来越快，目标越来越高时，一定需要越来越多的管理人才，海底捞还能继续靠这种师徒制的传帮带吗？

毫无疑问，师徒制传帮带的优点是能够传神，并且简单。但也有天然的弊端，那就是师徒传递容易走形。张勇的徒弟肯定不止杨小丽一个，但像杨小丽这样出神入化的徒弟可能只有杨小丽一个；同样，杨小丽带的徒弟也不止袁华强一个，但像袁华强这样青出于蓝胜于蓝的徒弟也是唯一的。世界上没有两个一样的人，每个徒弟学到师傅的90%，到了第五代90%×90%×90%×90%×90%，就变成59%。

2009年，一位叫西祠胡同的北京网友写了一篇《海底捞归来》的文章，她是这样描述她的海底捞之行的：

外地回来有点饿，想起最近网上大热的海底捞火锅，就跟朋友去了。首先肯定，服务的确非常热情周到。从车上下来就有人过来迎，然后环环相扣把我“传递”到饭桌上。招呼你的“小弟”眉清目秀而且热情，来回碰到的服务员也都非常热情——这都成为我最后无法发作的理由了，因为我是那种“巴掌”不打笑脸的人。

菜的品种不是太多，斟酌了半天，我们点了份菌菇锅底49元，又点了白菜8元，半份肥牛35元，面筋半份6元，丸子拼盘一份36元，冻豆腐半份……

菜上来一看，分量太少。丸子6颗，白菜一小碗。要吃就得吃好呀，加了份牛滑30元。

调料确实是大家说的自选，但要6元一个人；有豆浆和柠檬茶给我们选，可以无限制地加，但要4元一个人。也就是说两个人光是调料和水就要20元。

并且最后打8折时，调料和饮料还不打折。

吃饭过程中，一个小妹给我们换毛巾，一下子没夹住，脏毛巾掉在白菜上。我刚准备说话，她夹起来走了。我刚想发作，朋友摆手说，让小弟用水冲冲算了。

冻豆腐下到一半，另一半盘子里漂着一个死虫子，腿还掉了一只。小弟和小妹说对不起，要帮我换了。我说要退，说了两遍，在我的坚持下才退了。不巧的是，刚好下豆腐前，我对朋友说我有点饱了。当时站在我旁边的小弟，难免觉得我是不是故意捉了个虫子，退了个吃不下的菜。不然，怎么没有感觉他真的有歉意呢。

接着，我们点的肥牛好像成了肥羊。朋友说，这肥牛有膻味，好像上错了，你别吃了。我尝了一口，马上又吐出来，真是很浓的膻味。问小弟，他说可能是切肉的刀串的味。那也串得太厉害了。朋友倒是不在意，一份肉他包了。

吃到最后，汤里漂着一只翅膀合十的小飞虫，就是夏天水果放一夜就会有的那种小虫子。我把小虫捞出来，放在一旁继续吃；小弟过来时指给他看，换来他连声的“不好意思啊”。

两个人折后146元，不能刷卡，没有发票。

另一个小妹说，我们是刚开业，有好多免费项目，比如美甲、擦皮鞋。我去美甲，一看，有一些“美眉”在等。我问一个小妹：我们结账了，刚知道可以美甲，请问现在要等多长时间？小妹说：我不知道，你要问她（指美甲的小妹）。

过去一问，美甲小妹意味深长地说：要等好久呀。

我说：好久是多久？她说：前面还有十几个人排队，每人半小时。我说：哦，那就是明天早上了。

我自然不会等，这是你家的免费服务！

总结一下，纯粹炒作！

以服务为卖点，但食品安全是基础，不能只有服务，服务又不能吃。

还有，尽量少错，错多了让人不舒服；“对不起”说多了不值钱。像我这样不打笑脸的人，尽管下不去手，但感觉不舒服。

我估计这个网友的故事是真实的。海底捞的历史一共16年，前10年开了8家店，后6年开了50多家。尽管海底捞每家店的生意都比同行好，但是店与店之间的差别还是很大。这显然是海底捞更多依赖师徒制为主的管理所带来的偏差。

而在全球有3万多家连锁店的麦当劳，虽然没有海底捞的服务热情，但它们店与店之间的服务质量差别没有海底捞这样大。麦当劳主要靠流程与制度管理，所有工作都有详细的程序和标准；打暑期工的初中生，经过几个小时的培训，当天就可上岗。

海底捞的危机

其实，像上文的网友所反映的问题，并不是一个分店的偶然现象。我的一个学生叫王亮，2010 年末给我发了一封邮件，他说：“我发这封邮件给您，主要是最近我去海底捞的翠微店吃饭，发现那个店没有给顾客提供围裙、发带和手机套。我是一个海底捞的常客了，经常去各个店吃。眼看着今年下半年海底捞换了logo后，开店的速度比原来提升了很多，但是翠微店的这个情况，引起了我对连锁企业在开店速度和品质保障方面的思考。鉴于海底捞的情况，我估计管理层肯定也想了各种各样的办法来保持原来的品质，但是现在绝对是一个不好的苗头。您是张勇的好友，不知您是否可以引起张勇的关注，毕竟海底捞这样的民营企业能做到现在的规模非常不容易。”

其实，当海底捞开始走向全国时就不断碰到这类师徒传递效率递减、店与店差别大的问题。杨小丽在 2004 年腊月二十八突然接到张勇的通知，让她接管郑州大区的工作。当时海底捞一共不到 8 个分店，郑州片区有两个分店。

杨小丽说："幸好我对郑州片区的情况多少还有一点了解，我腊月二十九赶到郑州。到郑州后，我先去店里看，第一感觉是员工有些懒散，没有一点主动意识和团队精神。第二天一早，我就到二分店了解当天的工作安排。刚进店，就看到一个领班，嘴里叼根烟，衣服斜搭在肩上，慢悠悠地往里走。我心里想，今天可是大年三十呀，这个领班怎么不去安排工作，表现得这么轻闲？

"中午郑州两个分店举行了几个小小的联欢活动，在最能体现团队精神的拔河比赛中，两个分店的员工，包括经理在内，不管谁赢了，对方都不服气，互相争执。一次小小的拔河比赛，评比了四五次都评不出结果，我心里很难过。我们的员工都是以自我为中心，没有海氏大家庭那种互相帮助、共同努力、和平相处的精神。

"正月初一中午，客人已经上座了，但包间和大堂的卫生还没有打扫好。我想这是不是生意太好了，员工打扫不过来？是否应该将休息时间调整一下？可是经过两天的观察，我发现不是打扫不过来，而是大家都抱着混日子的心态来上班。

"早上9点半上班，没有一个人提前来店里打扫卫生。非要等到9点半，大家都到齐了，才开始慢慢一起打扫。打扫的时候，也没有一点儿紧迫感。中午上座了，还没有打扫完；大家都不着急，领班也不协调。第二天还是照样。

"看到这个状态，我害怕了，照这样下去，这个店就要毁了。

“初四早上，我给郑州二分店的全体员工开了一个大会，在会上我通报了员工的工作状态，并指出这样下去的后果。同时希望大家端正态度，振作精神，如果谁想继续抱着混日子的态度，今天就可以走人！

“会后，我对一部分员工进行考核，淘汰了一些不合格的员工。初四当天，二分店辞退和辞职的员工一共 17 人（二分店不到 200 人）。看到走了这么多人，很多员工感到了压力，有些骨干员工也担心了，害怕人手不够。

“我跟他们说不要怕。一个人的坏习惯，会影响一大片人。如果继续下去，我们就是在走下坡路。这些人走了，虽然我们人少紧张些，但我们是走上坡路！

“第二天，为了配合人手少的问题，我关了三个包间。虽然大家很忙，但留下的人精神面貌焕然一新，工作都很起劲。

“月底我对郑州片区的工作进行了盘点，从去年 11 月到今年 2 月，按理应该是生意高峰期，可是二分店的营业额只与前 4 个月持平。在 4 个月的高峰期，生意只上升了三分之一个点，这等于在走向死亡。

“为什么会出现这个情况？我想这主要是管理的原因。第一，由于监督检查的力度不够，公司被一些表面现象所蒙蔽，没有及时发现问题所在。第二，因为我们的管理人员缺少危机意识，感觉不到问题的严重性，对一些不良现象没有及时制止，让这种不良风气慢慢扩散了。值得庆幸的是，我们发现得还算及时，现在已经把这种不良风气刹住了。”

郑州二分店的这件事让杨小丽深有感触，她说：“当海底捞要变大的时候，就会出现严重的危机，难怪张大哥经常说他感到危机四伏。”

从表面上看，张勇是个甩手掌柜，海底捞的日常运作全部由各大区经理负责。海底捞的总部在北京，他大部分时间待在海底捞没有一家店的成都，因为他的家在那里。然而经常“游手好闲”的张勇毫不轻松，他总像一副心事很重的样子。

张勇是个忧患意识很强的人，有时近于神经质。他说：“黄老师，别人都以为现在海底捞很好，可是我却常常感到危机四伏，有时会在梦中惊醒！以前店少，我自己能亲自管理，每个店的问题都能及时解决，干部情况我也都了如指掌。现在不行了，这么多店要靠层层的干部去管，而有些很严重的问题却不能及时发现；加之海底捞现在出名了，很多同行在学我们，所以我总担心，搞不好，我们十几年的心血就会毁于一旦！”

流程和制度的弊端

没有商场实战经历的管理学家一定会说，海底捞应该先完善流程和制度，然后才可以开分店，这样才不至于走样。

可是企业家对此建议一定不屑一顾，哲学家的话更符合企业家的思路，“不在过程中生存，就在过程中死亡”。真正有效的流程和制度绝不可能事先设计好，必须是边干，边摸索出来的。

张勇是一个完美主义者。他做事情，要么不做，要做，就要做到最好。比如，海底捞第一家火锅店的工服，他竟然按空姐的样衣给员工度身定做。

我请他到北大给MBA学生讲课时，他说：“有一次去一个店视察，发现送给客人吃的西瓜不甜，他问店长怎么回事，店长说：西瓜现在涨价，好西瓜要3毛一斤。张勇说：既然是送人吃的，就要送最好的；2毛一斤都送了，为什么不再多添1毛送甜的？”

海底捞在流程与制度的开发上也是不惜血本，张勇要请世界一流的咨询公司帮助海底捞开发和研究火锅餐厅管理的流程和制度。可惜，火锅是中国的，海底捞已是中国最好的火锅店，而海底捞的难题就是世界的难题。迄今为止，尚没有任何一个咨询公司能解决海底捞需要的流程和制度。

什么是流程和制度？说白了，流程和制度就是做事的程序和纪律。比如，医生上手术台前必须洗手，这就是纪律。洗手必须包括手臂，必须用消毒刷刷手指和手掌；必须洗三次，每次一分钟以上——这就是流程。

其实不是流程和制度本身难，而是人与流程和制度的匹配难。人都是自然的人，没有有效的监管，流程和制度就会流于形式。可是过度的监管，不仅使人感到不自在，而且让人变成机器。

张勇的难题正在这里，强化工规化流程和制度，人就容易变成机器人；再加上海底捞员工普遍来自农村，文化素质低，不熟悉城市人的生活和交往习惯，经常做过头。

大众网上的一个网友说："都说海底捞服务好，但不是所有人都这样认为。我们上次去，那个服务员就有点太热情了，问这，问那。我们几个朋友本想好好聊聊，可是他不停地说话，搞得我们很不舒服。我们用发短信和不搭腔这样很明显的方式表示不想听他说了，可是他依然高谈阔论。这样的服务有点过了，让人感到别扭。"

服务员为什么这样做？因为海底捞要求服务员跟客人主动聊天。有的店为了检查这项工作做得好坏，以是否能把客人的名字和电话留下作为考核指标。有的服务员说："我不太会说话，经常要不到客人的电话和名字。领班一看我站着，就说，别像个木头桩子似的，怎么不去跟客人聊聊天，掌握一下客人资料？"

流程和制度还对服务进行量化，用服务的次数、频率来确定服务的标准，因此，有的店常常要求服务员要多长时间给客人换一次热毛巾，多长时间就换烟灰缸；还有的店以客人是否自己捞菜为考核项目，如果客人自己捞菜，就说明服务不到位。于是，搞得服务员每隔两分钟就去打扰客人用餐。这样做当然容易标准化，也容易培训服务员，可是结果却打扰了客人正常用餐。

有服务员投诉说："其实我们也不想硬插上去打扰客人。可是不去做，领班就说我们不做细节服务，不按标准流程做，就要挨罚……"

也有的服务员为了体现微笑服务，不停地向客人微笑和行海底捞礼（把右手放在左肩上，身体向前鞠躬）。有的服务员，甚至当客人走出包间，手还在肩上放着，脸还保持着微笑。

难怪有客人说："怎么海底捞服务员的笑越来越假了？"

也有服务员说："最近我们店抓得最严的就是三件事，服务态度、细节和流程。比如先做什么，后做什么，还有说话的语气、动作和表情。可是在实际服务中，这三件事很难掌握。

"比如最近天气很冷，我们包房里的制暖设备不好，房间里很冷。按照服务程序，客人进来后，第一程序是上毛巾，第二程序是给客人上水果。但我觉得如果对客人真诚的话，最好第一件事是给客人倒杯热茶！"

西安三店的杨志敏对这个问题的苦恼很有代表性。她说：

"我是看大包房的，这个房间一般坐 12 个人，可是有时客人来 14、15 甚至 16 个，于是，就只得加座，坐得很挤。在这种情况下，按规定程序必须做的一些桌面服务就很难到位，比如，及时换杯子、加饮料、清理桌面、盛汤和捞菜。

"海底捞的客人一般同时用两个以上的杯子，两个碗，一个碟，想想看，15 个人要用多少？如果按程序我就要不停地挤在客人中间干这个干那个，有时甚至需要客人暂时站起来。因此，我觉得此时服务少点，让客人吃个安生饭，比硬要体现服务更重要。

“可是如果我站着没事做，领班就会说：‘没事，为什么不做细节服务，可以搞一下桌面卫生嘛！你看桌面这么脏，还有空杯子也不撤！至少你可以给客人捞菜嘛。’

“领导按流程和制度来检查时，毕竟只看到客人用餐的一个瞬间，而我们服务员是从头到尾跟着客人的，因此我们更知道客人需要什么样的服务。可是如果不按领导的要求去做，我的评估打分就要低。

“还有，按照服务程序，我们要给客人捞菜，可是有时情侣来吃饭，男方想献殷勤，我们恰恰应该让他自己做这些事。还有带老年人和小孩来吃饭的，家庭成员更知道他们喜欢什么和怎么吃，要知道火锅毕竟是半自助的吃法。这时我们也不应该把固定的服务程序强加给客人。”

这就是流程和制度的弊端，一是把每个客人的需求都假设成一样的，二是把每个员工都假设为偷懒和没有头脑的。

只按流程和制度做事的员工会让客人感到不舒服：只按流程和制度做事的干部同样也让员工感到不自然。张勇帮助杨小丽家还债、看望生病中的冯伯英和对员工进行家访这些做法，不仅广为海底捞人所知，而且逐渐变成海底捞对员工亲情化管理的制度。比如，店长和工会干部要定期对员工进行家访，员工生病时一定要看望等等。

可是人这种动物就是怪，什么东西一变成制度就变味了。比如对员工出于真心的关怀和为了执行亲情化制度的关怀，做的虽然是同样的事，可给人的感觉就是不同。而且一旦变成制度，就有人钻空子。员工虽然是顾客，但顾客也有不是上帝的。海底捞还真就有员工偷懒泡病号，同事们都知道，但店长和干部们被蒙在鼓里；不仅批假，还拎着东西傻颠颠地去看。也有的员工赌钱，输光了，撒谎说家里困难，领导为了亲情化管理，也就借钱给他。结果，干部的能力和权威在员工心目中大打折扣。

如何修正流程和制度本身的弊端？

靠人。

靠什么人？

靠训练有素、素质高和责任心强的人。

法国人讲究吃什么菜要配什么酒，因此法国餐馆有一种中国餐馆没有的职位，叫配酒师。这是法国人发明的，只有在高档餐厅才有这样的职位。配酒师的主要任务就是帮助客人们选酒，他们通常会在客人点完菜后出现。如果客人是一个懂酒或自认为懂的人，他们就会站在一旁记下他要的酒，绝不多说一个词，有问才答，让客人们舒舒服服地享受着点酒的过程；如果客人是一个对酒不甚了解的人，愿意向他们求助，他们会根据你的价格搭配出最适合你所选食物的酒。当然，如果你选择比较贵的酒，他们的服务会更加殷勤。但不管贵贱，他们帮你配出的酒绝对不会出错。

可是这样的配酒师，就像一瓶好的法国葡萄酒，首先要原料好，其次需要时间。

而海底捞缺的恰恰是这两样东西。

世界是灰色的

毫无疑问，海底捞在发展初期更多是依赖师徒制的人治，而当企业越来越大时，必然要更多依赖制度与流程的法治。按照流程和制度的管理，对人的评价就要有客观标准了。于是，海底捞在 2007 年推出“升迁考”的晋升制度。

什么是升迁考？说白了，就是员工要想晋升，不仅要符合以前的标准——能干，还要有一定的文化和专业素质。像前面提到的连阿拉伯数字“2”和“5”这两个数字还不认识的吴阿姨，即使再能干，如果不能通过文化素质考试，她也不能再晋升了。

近些年大学毕业生就业困难，也有大学毕业生开始加入海底捞。这些人同海底捞现在主流员工的最大区别，不仅是他们有较高的教育背景，而且学而优则仕的中国文化，往往也会让读书人自视过高，放不下身段。

下面这段话是出自于一个不愿意透露姓名的，在海底捞工作的大学毕业生，他说："前段时间，郑州片区的大学生员工接二连三地离职，表面上看，这是一种个人行为的叠加，但实际上，这是企业行为的一种折射：企业环境的不适导致了员工的离职。个中原因，我认为最重要的是缺乏对大学生员工的信任与关注，从而导致他们对未来的发展感到迷茫，进而内心产生一种无所适从感；除此之外，海底捞的工作时间对于那些已经适应的老员工来说并不算长，然而对于刚刚走出校园的大学生而言就另当别论了。他们擅长的是在大学中所培养出来的各种文化素养，而不是体力上的一味坚持。然而，海底捞的管理层却用同样的绩效考核标准去要求他们。这无异于拿他们的短处去和别人的长处相比，因而必然会造成他们心理上的落差与不满，最终只能选择离开。"

如何让这些文化素质比较高的员工能通过海底捞从服务员做起这个难关？如何从文化素质比较低的员工中，用升迁考的方法选拔出有潜质的管理人才？这样做的同时，如何能保持海底捞现已形成的不拘一格选人才的文化？这些问题目前正在挑战着张勇和海底捞人的智慧。

毫无疑问，升迁考与师徒制是有冲突的。按照升迁考，文化素质高的人容易晋升；反之，肯干吃苦的人容易晋升。与师徒制的传帮带相比，升迁考的制度有两个优点，一是比较客观，二是可以大规模选拔和培养干部；然而，弊端是不容易传神。

我们在海底捞调查时发现，有些店竟把海底捞最宝贵的员工授权变成了员工应对升迁考的工具。北京四店的王艳说：

“有一天晚上我负责的区域客人不是很多，我就到另一个区域去帮忙。我刚去，有一桌客人说，服务员，给我们来一份泡菜。

“我说，好，马上就来，便快步跑到电脑上把这份泡菜加到单子上去，同时告诉负责这个区域的服务员把这份泡菜给客人送去。谁知，我跟她说了后，她一副满不在乎的神态说，不就一份泡菜吗，送给他们吃算了！

“说实话，我当时真是很心疼。我心疼的是她作为一名优秀的老员工，竟然这样滥用我们手中的授权。虽然一份泡菜不值几个钱，但也不能这样随随便便送给人。回宿舍后，我把这个情况同另一个同事讲，她叹了一口气说，咳，没办法，都是为了客人满意，别说一份泡菜呀，就是送一份牛滑也没人敢拦。

“的确，这样的事情在我们店很多。我还见过一个小吃师傅，把一份小吃送给客人时，客人说，我们没点呀？这时服务员跑进来说，这是我送给你们的，我叫×××，请你下次来吃饭，再找我。

“试问，这也算让客人满意的授权？有时甚至是客人在结账检查小票时发现多上了菜，我们的服务员才告诉客人说，这个菜是我送给你们的。客人问为什么要送给他们时，服务员竟然哑口无言。

“我问这些员工，大家为什么把不应该送给客人的菜，送给客人吃?

“他们说，他们店把员工的点台率作为一个重要指标，客人用餐时，点谁的名多，就代表谁的顾客满意度高，奖金也就高，同时这也是升职的依据之一。现在有的服务员标准用语就是：‘姐，我叫×××，这是我送给你的4盒黄豆和打包的豆浆，你下回来还找我吧。’于是，很多客人来都直接找她，因为她最大方。还有的服务员更直接，就跟客人说：‘请你下次来找我，我可以给你打折。你找别的人可能没这么优惠。’

“还有的店长为了降低顾客投诉率，对客人的投诉不进行仔细分析，只是按规定处罚员工，无视员工的自尊，导致员工流失。比如，一位年轻的父亲高兴时把孩子往空中抛着玩，结果孩子吓哭了。去洗手间时，清洁阿姨看这个孩子的脸太脏，主动帮他洗洗，可是不小心碰响了烘手机，小孩又被吓哭了。于是，那位父亲投诉了这个优秀员工。结果，店长也按程序处理，把她调到后堂还降了工资。”

显然这不是张勇想要的海底捞，他要的是，变大了的海底捞还是他所熟悉的海底捞。然而，天下没有白吃的午餐。这是海底捞从师徒制的传帮带，向以制度和流程为主的升迁考转变过程中所必须付出的成本。

毫无疑问，流程与制度更多是需要用指标说话，而师徒制的传帮带更多依赖于师傅的感觉。这两者在本质上是冲突的！然而，真实的世界是灰色的，任何有效的管理方法，一定是既需要流程和制度，又需要管理者的感觉。

两者谁重谁轻？

不同的行业、企业、文化和对象，一定会有不同的平衡；只要能达到目的，每个答案都对！

让我们关注张勇，关注海底捞。看看不断变大了的海底捞，会寻找到什么平衡。

海底捞不考核利润！

张勇考核海底捞每个分店的方法不是有点怪，而是很怪。海底捞总部对分店的考核中都不考核利润指标。不仅如此，张勇对海底捞总公司每年要赚多少钱也没有目标要求。

我问他："你为什么不考核利润？"

他说："考核利润没用，利润只是做事的结果，事做不好，利润不可能高；事做好了，利润不可能低。另外，利润是很多部门工作的综合结果；每个部门的作用不一样，很难合理地分清楚。不仅如此，利润还有偶然因素，比如，一个店如果选址不好，不论店长和员工怎么努力，也做不过一个管理一般、位置好的店。可是店长和员工对选址根本没有发言权，你硬要考核分店的利润，不仅不科学，也不合理。"

我说："利润多少同成本也有关，各店起码对降低成本还是能起一定作用的吧？”

张勇说：“对，但店长以下的管理层能起到的更大作用是什么？是提高服务水平，抓更多的顾客！相对于创造更多营业额来说，降低成本在分店这个层次就是次要的了。

“随着海底捞的管理向流程和制度转变，我们也开始推行绩效考核。结果，有的小区试行对分店进行利润考核，于是就发生扫厕所的扫把都没毛了还用；免费给客人吃的西瓜也不甜了；给客人擦手的手巾也有漏洞了。

“为什么？因为选址、装修、菜式、定价和人员工资这些成本大头，都由总部定完了，分店对成本的控制空间不大。如果你非要考核利润，基层员工的注意力只能放在这些芝麻上。我们及时发现了这个现象，马上就停止对利润指标的考核。其实稍有商业常识的干部和员工，不会不关心成本和利润。你不考核，仅仅是核算，大家都已经很关注了；你再考核，关注必然会过度。”

绩效考核有句名言：“考核什么，员工就关注什么。”

我一个同学的独生女，2007 年大学毕业，学的是财政专业。这种专业好听不实用，为了给这位千金找工作，他费了九牛二虎之力。最终，在一家银行找了一份坐柜台的工作。

2009 年我见到他，问：“女儿工作得怎么样？”

他哭笑不得地说：“可别提了，人家的工作都挣钱，我女儿的工作是亏钱。”

我问:“为什么?”

他说:“都是绩效考核惹的祸!你知道现在银行都上市了,上市就有业绩压力了。从去年开始,我女儿银行推行绩效考核。银行把指标层层分解到各分行,各分行再分解到各支行,各支行最后分解到每个员工头上。我女儿是做前台的,他们每个人都有推销信用卡的任务,我女儿的任务是4张。她第一个月没有完成任务,就让我和我老婆一人办了一张;第二个月仍没完成任务,结果,她自己一个人办了4张。我们家现在一下子有6张信用卡。”

我说:“你们家成美国人了,每人好几张信用卡!”

他接着说:“也不是她一人这样做,她说完不成任务的同事都这样。银行很快就发现怎么一下多了这么多睡大觉的信用卡,于是,又考核信用卡的活跃程度。结果怎么着?我女儿就逼着我们轮流用信用卡,这个星期用这张,下个星期用另外一张。现在我们买东西,要先问人家能不能用信用卡;不能用,就去别的地方。我们家现在连油盐酱醋这些东西,都要特地跑到大超市买;算上交通费和时间,这些东西比原来就近买的都贵!我老婆说,我们现在是全家贴钱给银行打工呢!”

我同学看我张着嘴,好像星外来客似的听着,又说:“这还不算,他们银行今年又给员工定了推销基金的指标,员工的奖金要同推销的基金额挂钩。可是我女儿像我一样,嘴笨不说,说假话还脸红。结果连续两个月考核，她都排在末尾，下班回家就吃不下饭。最后没办法，我们家把30万储蓄拿出来买了女儿的基金，女儿的饭碗保住了，可是半年后我们家基金整整亏了10万！你说，我女儿这工作是赚钱还是亏钱？”

他接着又说：“这还不算完，银行又考核微笑服务。如果员工对客人不微笑或者受到客人投诉也要扣奖金。结果这下好了，女儿上班时笑了，回家脸就耷拉下来，搞得我们两口子在她面前说话也要小心翼翼。”

他越说越气愤，把我也捎带上了：“都是你们这帮教授专家为了赚钱，到处推行什么目标管理、KPI（关键业绩指标）、360度、平衡卡给搞的。像你我这么大岁数的人都知道，人心里不舒服，对人不可能友善。如果真对你友善了，不是有求于你，就是给逼出来的；可是逼出来的笑，能是好笑吗?！不信，你现在去银行看看那些员工的脸！”

心理学有一条定律叫转向攻击，说的是，人不幸福，对别人不可能友善的道理。同学女儿对工作不满意，心里自然不幸福；心里不幸福，对上级不敢发火，只能发泄到其他对象身上，比如工作本身、同事或顾客。可是360度评估让她对同事不敢不友善，绩效评估让她对工作不敢马虎，微笑服务让她对顾客也不敢发火，但她也是人呀，心里不满总要有个渠道发泄才行，于是她只能让自己那张年轻女孩的脸变得不好看，以此来攻击整个环境——让环境充满着假笑苦笑职业笑，谄笑奸笑皮笑肉不笑，唯独少了真笑。

看来，海底捞员工的真笑同海底捞的考核也有关。

绩效考核是锄头

我问张勇：“你们连每个火锅店的营业额也不考核？”

张勇说：“对。我们不仅不考核各店的利润，我们也不考核营业额和餐饮业经常用的一些KPI，比如单客消费额等。因为这些指标也是结果性指标。如果一个管理者非要等这些结果出来才知道生意好坏，那黄花菜不早就凉了。这就等于治理江河污染，你不治污染源，总在下游搞什么检测、过滤、除污泥，有什么用？”

刚刚成为长江商学院EMBA学员的张勇，上完绩效考核的课后，跟我说：“黄老师，我觉得公司把结果指标作为目标分解到每个部门和员工身上，然后按此进行考核、激励和惩罚的做法，听起来科学，很有道理，但做起来太难了。因为企业绩效是所有员工协作劳动的结果，每个部门和员工的作用不同，指标就应该不一样。怎么确定这些指标，必须要懂行的人做才行，否则一定会捡了芝麻丢了西瓜，甚至考歪了。我说的懂行，可不是懂人力资源，而是要懂得做生意和管理的人。

“我们现在对每个火锅店的考核只有三类指标，一是顾客满意度，二是员工积极性，三是干部培养。”

我说：“这些指标可都是定性的，你怎么考核？”

张勇说：“对，是定性的指标。定性的东西，你只能按定性考核。黄老师，我真不懂这些科学管理工具为什么非要给定性的指标打分。比如客户满意度。难道非要给每个客人发张满意度调查表？你想想看，有多少顾客酒足饭饱后，愿意给你填那个表？让顾客填表，不反而增加顾客的不满意吗？再说，人家碍着面子勉强给你填的那张表，又有多少可信度？”

我说：“那你怎么考核顾客满意度？”

他说：“我们就是让店长的直接上级——小区经理经常在店中巡查。不是定期去，而是随时去。小区经理和他们的助理，不断同店长沟通，顾客哪些方面的满意度比过去好，哪些比过去差；这个月熟客多了，还是少了。我们的小区经理都是服务员出身，他们对客人的满意情况当然都是行内人的判断。

“对员工积极性的考核也是如此，你黄老师去考核肯定不成，因为你看到每个服务员都是跑来跑去，笑呵呵的没什么不一样。可是我就会跟你说：你看那个男生的头发长得超出了规定；这个女生的妆化得马马虎虎；有几个员工的鞋脏了；那个员工站在那里，眼睛睁着，脑袋走神儿了。这不就是员工积极性的表现吗?！店长对组长，组长对员工的考核也如此，都是这种定性的考核。”

我又问：“他们的奖金就根据这些定性的考核决定？”

张勇说："不仅是奖金，他们的提升和降职也都是根据这三个指标。你想想看，一个不公平的店长，手下的服务员怎么可能普遍有积极性？服务员积极性不高，客户的满意度怎么可能高？在这种情况下，你不会等到这家店的营业额和利润数字出来后再提醒他或撤换他，因为结果一定不会好，即使好也不是他的原因。我们就有很赚钱的店，但是店长就是提不起来，因为他培养人的能力不行。他一休假，店里就出乱子。那么即便他的店很赚钱，他也可能被降职。"

我又说："按照你的考核方式，下级的命运全由直接主管来决定，这样是否足够公平和客观？"

张勇说："不是全部，而是主要由上级来决定。你想想看，上级同自己的直接下级在一起时间最长，工作交往最多，也最了解下级的工作状态和为人。如果他不对下级的升迁起主要决定作用，谁更有资格来决定呢？把大多数人拍脑袋的判断，用数据表现出来就客观了吗？我看不一定。其他人的意见只能起参考作用，如果其他同事对这个人有意见，平常就会自觉不自觉地表现出来，作为经常同他在一起的上级，很容易就会发现，这也是上级考察下级的一个方面嘛。

"当然我们的定性考核不是上级说你行，你就行。我们也逐渐摸索出一些验证流程和标准，比如用抽查和神秘访客等方法对各店的考核进行复查。对这些考核结果，要经过上一级以上管理者的验证通过。同时，我们还有越级投诉机制，当下级发现上级不公平，特别是人品方面的问题时，下级随时可以向上级的上级，直至大区经理和总部投诉。

“什么叫客观？我看这种用懂行管理者的‘人’的判断，比那些用科学定量化的考核工具得出来的结果更客观，至少在我们火锅行业是如此。你说对不对？黄老师。”张勇挑战地问我。

我问：“你们的绩效评估系统是请哪个咨询公司帮你们搞的？”

张勇说：“没有请咨询公司做，我们就是这么一边开店一边摸索出来的。当然问题也不少，我们也想请咨询公司验证一下我们的做法对不对，可是咨询公司的专家们很少有做过火锅这么低档行业的。

“有一次，一个你们北大毕业的，在一个外国咨询公司做高级咨询师的人问我，你用哪些指标判断一个店的生意好坏？我说，我不用指标，我到那个店看一看，就知道它的生意好坏，问题出在哪里。他说，那你的海底捞要是开 1 000 家店呢？我说，那我就训练 100 个跟我差不多的小区经理。”

听完张勇的绩效评估，我想起 30 多年前，我从城里中学毕业下乡当知青的经历。第一年，城里来的知青只拿了干同样活儿的农村青年一半的工分，我们申诉为什么不同工同酬？队长说：“别人拿锄头铲的是草，留的是苗；可是你们铲的是苗，留的是草，给一半工分都是照顾你们！”

我们哑口无言，因为在城市长大，刚下乡，分不清草和苗。

原来绩效评估工具就是锄头，懂行的管理者拿到手里就能铲草，不懂行的拿到手铲的就是苗。难怪张勇的心病是培养人。他要的人，不仅是能用锄头，而且还要能分清苗和草。

能下蛋的鸡才值钱！

表面看，海底捞的管理体制与一般连锁餐厅差不多。海底捞分三级管理，第一级，总部管大区，中国一共有三个大区，郑州、北京和上海；第二级，大区管小区，每个大区根据分店数量的多少设小区，比如，北京大区有三个小区；第三级，小区管分店。

这种管理体系的设置往往是从地域相近、方便管理的角度考虑，可是海底捞的第二、三级则不是按地域相近的原则管理。如果按地域的原则，北京距离天津近，北京大区应该负责天津分店的管理，可是海底捞天津分店却由郑州大区管理；另外，一个北京小区经理负责的分店可能横跨整个城市的东西南北，而另一个北京小区经理负责的分店也可能是分布在北京的东南西北。

为什么会这样？

这是海底捞师徒制培养人的方法，和企业内部按层级管理的体制相对接，产生出的一种特殊模式。

人都是独特的，人的成熟需要不同的实践和经历。比如，一个小区经理下面的一个徒弟出徒了。当他或她有能力当店经理时，北京大区恰巧在最西边找了一个合适的地方开店，这个徒弟就会被提升为这个新店的经理。可是师傅不能撒手不管，扶上马还要送一程。不仅如此，徒弟的“质量”要在使用中接受检验，徒弟就是师傅的“产品”，师傅必须保证徒弟的“质量”，而且有些“质量”问题，比如徒弟的品德，师傅要终身保修！因此，这个新店的运营就要由这个师傅——小区经理负责。

于是，海底捞这种貌似按区域管理，但实际是按谁培养的人由谁管理的独特方式就形成了。有的小区经理培养人的速度快，可以管 6 个店；有的小区经理培养人的速度慢，可能只管 3 个店。能管 6 个店以上的小区经理，就是一级的小区经理。如果这个小区经理还能源源不断培养合格的管理人才，同时自己负责的分店业务情况都很好，就证明他或她的管理能力强，于是，这个小区经理就有机会被提升为大区经理。这同共产党打江山时对军队的管理一样，谁的能力强，谁的兵就多；谁的兵多，谁在军中的军阶就高。于是，最年轻的林彪居然在十大元帅中排第三。据说，林彪 1945 年进入东北时，带的队伍只有 10 万人；1948 年，他指挥的第四野军从东北杀出来时，超过了 100 万。

真可谓“海阔凭鱼跃，天高任鸟飞”。战争的残酷最需要一个组织内部的公平，这样大家才能同仇敌忾。

海底捞在考评小区经理时，也不是仅看能管多少店。这同打仗的道理一样，兵多，还要能打胜仗，才是好将军。如果你培养人的能力很强，可是熊瞎子掰苞米，掰一个，丢一个，负责的店管得不好，就说明你培养的人有问题。

如何考评一个管理者对人的培养能力？

这可是一个大难题。这个问题要真能解决，企业就一定能经营好，因为所有企业都缺能干的管理者。

海底捞考核管理者培养人的能力做法很有意思，既简单直观，又相当细致复杂。一个总的指标，是看你能否使80%直接下属的能力在一定时间内得到提升？比如，一个小区经理管5个分店，这5个分店今年都是二级店。如果在一定时间里，你能让其中4个分店达到一级店，就说明你80%直接手下的能力有了提升，因为这4个二级店的店长在你手下成了一级店店长。

只有成为一级店的店长，才有资格培养新店长；只有成为一个能培养店长的店长，你才有可能成为小区经理；只有成为小区经理，你才有可能成为大区经理……

能下蛋的母鸡才值钱。在海底捞能培养干部的干部晋升得最快。有些店长兢兢业业，每天都早来晚走，可是做了店长好几年，他的店就是评不上一级店；有潜力的人不愿意在他手下干，不是辞职，就是调到别的店。

这说明什么？说明你是公鸡，你只能自己干，不会用人和培养人；人家跟着你，没有大出息。2010年，张勇一口气免了三个这样兢兢业业的“公鸡”店长，其中一个店长听到消息后当场昏倒。在海底捞当干部真累，仅仅忠诚正直、积极肯干、任劳任怨不够，还必须能培养人！

我问张勇：“你这种一个帅才带出一堆将军的培养人方式，会不会尾大不掉，存在将来背叛你的可能？”

张勇说：“第一，我还没大。如果没大，就防着别人，你能做大吗？第二，别人背叛我一定是有原因的，或者是海底捞走歪了，或者我不公平。这都是逼着我要把海底捞做好的动力和压力。”

由谁评定和如何评定一个分店的级别？

当然是上级，不过海底捞评店的流程和方法相当复杂。这不仅涉及到公平问题，而且直接关系到海底捞扩张的质量。海底捞的做法有点类似卖高档汽车的4S店。要开这样的店，不是有钱就能开。你必须还要有一定数量的、经过这些汽车公司专门培训和认可的合格工程师和技师，管理层要通过他们专门的流程考试，并且不断接受他们的培训和检查。

海底捞评店时，首先由店长自己上报申请，比如，你认为你的店能达到一级店的水平了，你的直接上级和他的上级，还有总部的专业部门就会派人公开和秘密地对你的店进行考察。

比如，其中一个标准是一级店的优秀员工至少要占10%的比例。你的上级会对你所上报的优秀员工进行抽查，看他们够不够优秀员工的标准。千万不要忘记：你的上级，和你上级的上级可都是从服务员干起来的，他们对服务员的考核，不是一般人力资源部门的那种素质考核，而是师傅考徒弟式的考核。

如果你上报的30名一级员工，经过考核有一定比例不够一级的水平，对不起，哪怕你的经营状况再好，你的店仍然不是一级店，因此，你还没有资格培养店长。

有人可能不理解，为什么一个店的经营状况好，却没有资格成为一级店？因为一个餐馆的经营状况，很可能同它的地理位置有更大的关系！

这些评店的考核者都是承担责任的直线领导，对店的考核质量也直接关系到他们的工作。如果为了人情，把本来不够当店长的人提拔起来，他们自己要受累，因为他们也要对新店长的工作负责。

海底捞的干部把这种考评，称为21座大山。比如，既然海底捞的顾客满意率不是通过让顾客填表获得，那么第一，店长就要知道如何评价和考核顾客满意率；第二，小区经理要对店长的顾客满意率检查并认可；第三，小区经理的上级也会有代表到现场看；第四，别的小区也会有人交叉来检查；最后，总部的技术部门也会有人来认定和指导。

海底捞把这种上级不断到现场检查、审核和指导称为巡店。

我问张勇："你们对干部巡店有没有流程的规定？比如，多长时间，哪一级必须要巡几个店？"

张勇说："有，但是不管用。不是他们达不到流程的规定，而是总超出流程的要求。海底捞的干部如果不开会，整天都在店里。因为我们的干部都是服务员出身，像我一样不习惯用数字和报告管理企业，更习惯于现场办公。”

丰田汽车管理方法的发明者大野耐一说，丰田管理方法的精髓是现场发现问题，现场解决问题。

海底捞的劣势歪打正着，又变成了优势。

第五章

张勇其人

张勇其人

张勇是四川简阳人。简阳距离成都 80 多公里，是四川省人口最多的一个县。简阳农业发达，是成都的菜园子。世界进入工业化后，农业发达几乎就是经济落后的代名词，简阳也不例外。

1971 年出生在这座农业大县县城的张勇，是在五家人共住的一个大杂院里长大的。张勇的家境在那个大院里属于一般，父亲是农机厂的厨师，母亲是小学教员，张勇下面有两个弟弟，家里还有一个奶奶。

张勇的童年正好赶上中国物资最匮乏的时期。五家平民中生活最好的一家，男人是县城一家国营旅店的经理。这位经理当时喝酒的下酒菜经常是几粒花生米，每一粒还要掰开四瓣吃。

因此，贫穷成了张勇与生俱来的恐惧和敌人，有关物资贫乏的回忆几乎构成张勇儿时记忆的主体。正因为如此，“双手改变命运”才变成张勇和海底捞的人生目标。

贫穷不仅是张勇的敌人，也成为他解释这个世界的哲学。直到今天，谈到社会不公平现象时，他往往只归结为一句话：“都是贫穷造成的。”

庆幸的是，张勇儿时的贫穷并没有给他造成自卑，因为当时大家都穷。相反，在贫穷中长大的张勇有着与他生长环境极不相符的自信。这可能得益于三个因素，第一，由于妈妈是小学教师的原因，他们家是五户人家中唯一订阅《少年报》和儿童读物的家庭，于是，张勇有了爱看书的习惯；第二，爱听收音机，张勇儿时的玩伴说，他们在外面玩时，张勇喜欢一个人在屋里听收音机；第三，由于上面两个原因，他从小就得到四合院里最有地位的人——那个旅店经理的欣赏，那个经理在院子里喝酒时喜欢找人聊天，张勇经常是他唯一的聊伴。

经理也是个喜欢看报看书关心时事的人，总是一边咂着酒，一边掰着花生米，一边同坐在板凳上，比他小 20 多岁、看他喝酒的张勇，天南海北地神聊。自然，这位忠诚的“酒友”得到经理的另眼相看。他说：“这孩子将来一定有出息。”当张勇再大一点时，这个经理竟提出来：“以后我出差，带你出去开开眼界。”

我问张勇：“这个经理没有孩子吗？”

张勇说：“我也感到奇怪，他也有两个男孩，其中一个同我的年龄还差不多，可是他没有说要带他们去。”

显然在经理喝酒的时候，他的孩子同大杂院里其他孩子一样，都在忙着孩子的游戏。而张勇则是他的忘年交。2010 年，快 40 岁的张勇回忆这位忘年交时说：“我刚刚办火锅店时，他得了食道癌。当他快不行时，托人把我叫去。已经说不出话的他，用手沾着水，在桌子上写下三个大字，好好干！我一下子把脸扭过去，我不想让他看见我的眼泪。”

张勇从书报里、广播中，以及和比他年长 20 多岁、见多识广的旅店经理的交谈中，自然获得了其他孩子所获得不到的信息。在那个物资极度匮乏的年代，孩子中间没有多少物质可炫耀，能让一个男孩鹤立鸡群的资本，除了拳头，就是知识。

张勇不是个孔武的人。据他的记忆，从小到大只动手打了一次架（张家兄弟三人之间的内战除外），还是在他们这伙人多势众的情况下。张勇的知识使他成为孩子头。他长大之后也毫不掩饰地说：“不知道为什么，别人总是听我的。”显然，张勇是有领袖欲的人。

可是爱读书看报的张勇并不是一个学习好的学生。因为初中的成绩并不十分突出，也因为家里生活困难希望他早点就业，父母没让他继续读高中，而是进了简阳一所保证分配工作的技工学校学电焊。这件事让张勇感到很不爽，至今谈起来，他还有点愤愤不平。

天生就想做大事的张勇，哪里看得起电焊工。他把学校发的电焊材料都给了同学，上学期间除了看杂书就是玩。好在张勇周围总有一帮人，所有考试都是几个同学帮他应付的，最后，甚至连毕业证书都是别人帮他拿回来的。

1988 年，18 岁的张勇技校毕业，成为了四川国营拖拉机厂的一名工人。

第一次融资

混了个技校毕业的张勇，被分配到他爸爸当厨师的四川国营拖拉机厂。可是这个学电焊的技校毕业生，连最基本的电焊工作都不会干，成了车间游手好闲的“刺头”。好在这个刺头并不惹是生非，只不过晚来早走和经常旷工罢了。

然而，游手好闲兼爱读书看报的张勇没有闲着，他时刻关注着周围和新闻里的国家大事和商业信息。

1990 年他家住的大杂院里，已经出现了当时中国的第一批富人——个体户。詹婆婆家就在张勇家隔壁，她丈夫有一手祖传做熏鹅的手艺，詹婆婆一家做起了熏鹅生意。大杂院里充斥着熏鹅的香味和洗鹅的恶臭。张勇不仅经常可以品尝那些卖剩下的熏鹅美味，更被熏鹅生意为这家邻居带来的生活变化感到惊奇。詹婆婆家很快成为当时简阳少有的万元户，而此时张勇每月的工资仅 90 元。

榜样的力量是无穷的！张勇看到了希望。

做什么生意？卖熏鹅显然不是张勇所向往的，因为太没有技术含量。满腹经纶的张勇岂能看得上饮食业！于是，张勇开始四处寻找生意机会。终于，他捕捉到第一个商机，他去成都的时候，看到很多人玩一种“压大小”的扑克机游戏。看到一大堆人围着一台机器，争先恐后往上压钱，张勇眼睛亮了，就做这个生意！买一台，放到简阳，钱就会花花进来！可是去哪里买扑克机呢？那可是赌博用具，不会公开销售的。

张勇发挥了他的强项——看报纸，从报纸上找信息。功夫不负有心人，他终于在《参考消息》报的接缝处，发现了扑克机的广告。于是顺藤摸瓜，他在成都走街串巷，明察暗访找到了一个非法卖扑克机的人。

那是一个一头长发、闲云野鹤的福建人。他对这个21岁来自简阳的小伙子充满好奇，因为买这种扑克机的人几乎都是相当成熟的人，而且都要经过熟人介绍。

张勇问：“多少钱？”

福建人说：“要6 000。”

张勇倒吸一口冷气，说：“没想到这么贵！”

其实跟同龄人比，张勇在当时是有钱人。因为张勇知道任何生意都需要本钱，所以他从上班第一个月起，就将每月工资全数交给母亲攒着。一般年轻人上班赚钱了，总要买点新衣服，可是一心想做大事的张勇，上班后居然还穿带补丁的裤子，这在当时的确有些寒酸和与众不同。张勇工作两年攒了整整 2 000 元。这在当时不是一笔小钱。

显然，福建人是个老练的生意人。他对张勇说："小伙子，我觉得你将来一定能成大事，因此，卖你 5 000 元。"

20 多年后，张勇跟我谈起此事时仍不无奇怪地说："那个人居然说我能成大事！"

由此可见，要做大事已成为张勇的信仰。尽管他今天已成为一万多名员工的老板，他还要从宿命论里寻找依据。他对那位忘年交——旅店经理——对他的印象记得如此深刻，说明的也是同一个问题。

心理学认为正常人都自恋，人对自己的成功，会更多地从努力和基因方面寻找答案；而对别人的成功，则会更多地用机遇和背景给予解释。

没人不喜欢夸奖，更何况一个 21 岁的青年。

再加上，人家给便宜了 1 000 元！这可是张勇一年的工资。

对那位如此看重自己并给了优惠的福建人，他满怀感激地说："你等着，我回去借钱。"

回到简阳，张勇从妈妈那里取出自己的 2 000 元积蓄，再加上家里仅有的 1 600 元，还差 1 400 元。此时，一个帮助爸爸打理杂货店的中学同班同学，听说张勇的商业计划和困难时，毫不犹豫地从爸爸杂货店的钱箱里偷出一沓钱。俩人跑到房后一查，是 600 元。事后证明，这是一笔最具风险精神的"风险投资"。

可是距离福建人的 5 000 元，还差 800 元？

张勇身边的有钱人只有卖熏鹅的詹婆婆了。他找到詹婆婆说：“我要做生意，差一点钱，能不能借我？”

詹婆婆问：“差多少？”

“800 元。”张勇说。

卖烤鹅的詹婆婆居然没有问张勇“你爸妈知道这件事吗”，便爽快地借给他 800 元。

在那个年代，800 元不是一个小数。詹婆婆这么轻松地将钱借给嘴上没毛的张勇，完全超出了我的想象。我问张勇这位詹婆婆还在吗？他说：“还在，而且就在成都。”于是，我见到了这位詹婆婆。

20 多年了，詹婆婆一家居然还在卖烤鹅，而且仍然是在四川街边那种路边店里卖。

我问已经是 60 多岁的詹婆婆，张勇当时向你借钱，你问没问他做什么生意？詹婆婆说：“好像问了，记不太清了。对了，张勇说要做什么游戏机生意，我也不懂，就把钱借给他了。”

我又问：“那你问没问张勇，他爸妈知道吗？”

詹婆婆说：“没有问，问他们干吗？我知道张勇不会乱来。再说我们两家关系很好，他们家有时月末钱不够，也经常向我借。这件事很多年后，他爸妈才知道。”

“那你没想过张勇做生意失败，还不上你的钱？”我又问。

爽快的詹婆婆哈哈大笑地说：“没想过。”接着又说：“还不上，就还不上吧！”

后面这句话，我估计是现在的詹婆婆思考之后才说出来的。前面那句“没想过”倒可能是詹婆婆20多年前的直觉。詹婆婆是退休后才做烤鹅生意的，她退休前也是小学老师。可能这个阅孩无数的詹婆婆，真是很早就看出张勇的出类拔萃。否则，一个21岁的人在她那儿怎么就有那么大的信用？

我跟詹婆婆说：“你这800元，差点儿让张勇成为简阳的赌场老板。”

两次“流产”的生意

张勇没能进入博彩行业，要感谢一伙四川骗子。

那时还没有100元面额的人民币，5 000元好厚一摞。张勇用一个铝饭盒把钱密密实实地装好。那个借给他600元的同学，为了保护张勇的5 000元钱，也为了参与创办简阳第一家赌场的伟业，跟着张勇一起坐上了去成都的长途汽车。

车开开停停，一路客上客下。其间，上来一个人。这个人不经意地露出腕上的一块金表，引起周围旅客的惊奇和欣赏。那个年代金表是很少见的东西。旅客中有人说，他知道这个人来自的那个地区。那里家家都养了很多牛和羊，很有钱。于是有人问：这块表值多少钱？有人说2 000，有的说3 000。这时这个人开口了："这块表2 400元买的，我太太在成都住院，我走得急，钱没带够。如果谁能给我1 200元，我就把表卖了。"

于是，很多人开始同这个人讨价还价，貌似憨厚的他死活不让价。

世界上什么人容易上当？

想占便宜的人。

世界上什么人容易亏钱？

想发财又有钱的人。

此时，那辆车上的张勇，这两样全占了！经常读书看报的张勇知道黄金值钱，他同"风险投资"伙伴讨论了一下，那么大块金表如果是真的，价值肯定超过1 200元！

"风险投资家"急于想在"领袖"面前证明自己的能力，把金表要过来看了看，竟然还用牙咬了咬，惹得那个人大怒，一把抢过来，差点儿要打张勇的同学。

"风险投资家"跟张勇说："这真是真的。"

于是，张勇做了他人生的第一个商业决策，用1 200元把金表买了。由于拿钱需要打开饭盒，他们在那么多乘客面前露了富。把表拿到手后的张勇，突然感到全车人好像都是强盗，他和同伴不约而同地决定立即下车。可是当汽车绝尘而去的一瞬间，两人几乎同时明白了，他们中招儿了！

金表当然是假的。张勇二人从成都的表店里出来，拿着只装着3 800元钱的饭盒和一块假金表，坐在路边发呆。怎么还有脸去见那个认为自己能成大事的福建人？

进军博彩业的商业计划就眼巴巴地放弃了。

20多年后，张勇回忆此事时跟我说："黄老师，如果我当时真拿3 800元钱去见福建人，估计他也能把扑克机卖给我。"可是，当时初出茅庐的张勇根本就没有想过，一台报价6 000元的机器还能卖3 800元！

偷钱给张勇的那位"风险投资家"，表现得非常职业。他对自己硬充黄金专家悔恨不已，并爽快地承担了自己的责任。他说："那600元我不要了。"

但张勇丝毫没有领情，20年后，谈起那位"风险投资家"的同学，张勇依然耿耿于怀，他说"那个家伙就好不懂装懂"。

张勇做大事的梦还没来得及做，觉就醒了！21岁的张勇沮丧到了极点。这是张勇从商的第一课，从此他知道了，别想占便宜！

回到简阳，张勇受骗的消息很快在同学中传开了。同学们聚在一起时，发现这位"领袖"话少了。一次在公园闲逛，他们看到三个中年人用扑克牌在骗人，张勇爆发了，不由分说打了那个为首的人。这就是张勇唯一一次动手打架的经历。

年轻人最大的本钱就是复原力强。张勇很快忘掉出师不利的沮丧，又开始琢磨其他生意。20世纪80年代，汽油在中国还是计划控制的物资，加油必须凭油票，而油票只发给政府和国营企事业单位的司机，私人加油只有通过关系找到公家要油票才可以。

张勇从中看到了商机，他想，如果能从公家司机手中收到油票，再卖给私人司机不就可以赚钱了吗?

经常旷班的张勇找了一块纸板，正面写上“收油”，反面写上“卖油”，来到了成都至简阳的公路旁，开始了他的汽油生意。

每当有汽车过来时，他便站起来迎上去举起“收油”的牌子。可惜在大太阳底下连等了两天，居然一辆车都没停下。第二天傍晚，正当他准备收工时，一辆崭新的解放车出现了。他又一次站起来，把牌子高高举起。车居然停了下来。张勇满怀欣喜迎上去，车窗摇下来，是一个同他差不多年龄的司机。呸!他冲张勇脸上吐了一口唾沫，一加油，汽车绝尘而去。张勇擦了擦脸，第三天没有再来，汽油生意也流产了。

20年后，张勇谈起这段往事时说:“我后来才知道收油是要有关系的。可是当时我完全不懂，站了两天，吃了一肚子灰，还被人吐了一脸吐沫，感到这个生意难做，就放弃了。之后，我就开始做火锅，然后就再也没做其他生意了。”

张勇收油的故事本身并没让我感到很惊奇。一个21岁、满脑袋想发财的人，在90年代初期的中国，当然什么都敢试，什么事也都可能遇到!

可是张勇讲述被那个司机吐一脸吐沫时的表情和语气让我感到奇怪。他完全像是在叙述别人的故事!他的语调和神态里没有屈辱，没有愤懑，没有刺激，也没有我所期望的，这一经历如何在日后对他起了作用。这件事仅仅是为回答我“除了火锅，你还做过什么生意”的问题而被提起。

张勇有点与众不同，他的屈辱神经好像比较麻木。

爱上当的张勇

经过金表受骗和倒卖汽油两次流产的生意，22岁的张勇眼光开始低下来。做像詹婆婆家这样辛苦，但能赚到钱，满足人们口腹的生意也是值得考虑的。毕竟大杂院里有两个厨师，除了詹婆婆的丈夫，张勇爸爸也是拖拉机厂食堂的厨师。耳濡目染，张勇对做饭这个行当并不陌生。

上帝说：每个人的磨难都不会白受。为了找扑克机，张勇没少在成都转悠。他发现成都有一种小火锅很受人欢迎。所谓小火锅，就是当时成都流行的介乎于麻辣烫和火锅之间的一种吃法。餐馆把麻辣烫一串串串好，顾客自己动手在蜂窝煤上的小火锅里，边煮边吃。

于是，张勇在简阳找了一个十几平方米的街边店，开始了他第三次创业的尝试。张勇找到房主一谈，人家告诉他租金180元一个月。不贵，张勇一口答应下来。金表的教训并没有让张勇聪明起来，他依然非常相信别人。从家里搬来桌子、柜子和锅碗瓢盆，小火锅店开业了。张勇给这个店起了个非常响亮的名字——小辣椒。小辣椒开张第二天，张勇才知道旁边同样店的租金是 90 元一个月。倒霉！怎么不事先问一问别人？

张勇的懊悔很短暂，因为小火锅一开张生意就红火，旁边的店纷纷改弦易辙也做起小火锅，租金半年后都变成 180 元。

半年后一算账，靠两毛钱一串的麻辣烫，张勇的小火锅净赚了一万多元钱。照理，赚到钱的张勇应该意气风发才对。可是刚开了简阳小火锅先河，带旺了整条街的张勇开始心猿意马。

整条街都是小火锅，每家店的桌子挨桌子，每天起早贪黑就赚这一万元？这哪里是张勇的理想。正当张勇三心二意的时候，一个女孩出现了，她就是张勇现在的太太。

年轻人的初恋都是疯狂的。小火锅事业刚刚起步的张勇，成了典型爱美人不爱江山的“败家子”，他把红红火火的小辣椒关了！

半年的恋爱期过去了，张勇也想清楚一件事——像他这样没上过大学，没有背景，还不认命的人，只有一条路可走——别怕辛苦，别怕侍候人，用双手改变命运！于是，张勇决定重操旧业再开火锅店。

可是半年多只出不进的恋爱日子，让张勇兜里没剩几个钱。然而，张勇是领袖。判断领袖的唯一标准是看有没有追随者。此时，张勇身边有三个死党，一个是未来的太太，另外两个是他技校的同班同学施永宏（海底捞人称他为施哥）和施永宏的女朋友李海燕。

张勇在技校的所有作业和考试几乎都是施永宏帮他完成的，不仅如此，在张勇开小辣椒的半年里，施永宏是除了张勇爸妈之外的第三个义工。施永宏每天晚上下班后，直接到小辣椒上班；什么时候打烊了，他才什么时候回家。有一次因为睡眠不足，在回家路上他竟然被汽车撞断了腿。然而，腿好后，他又义无反顾地到小辣椒当“义工”。

我问施永宏：“为什么？”

长相极为慈祥，不用化妆就像佛的施永宏，憨厚地笑着说：“不为什么。90 年代初，县城没什么好玩的地方。他开的小辣椒就像个据点，很多同学晚上都去那里耍。同学去得太多，影响生意了，张勇就把他们撵跑了。我为了留下就只有帮着干点活儿！”

决定重操旧业的张勇跟三个死党说：“把钱都拿出来吧，我们这次开一家正规的火锅店。”张勇一分钱没拿，其他三个人凑了 8 000 元，四个人各占这家火锅店 1/4 的股份，这个店就是海底捞。

海底捞第一家店选在哪儿？简阳可供选择、租金又合适的地点不多。开饭店一般都选临街的店，这四个只有 8 000 元现金的人，为了让店面大一些，又开了简阳的先河，把火锅店选在二层楼上。

所谓大，也就是四张桌子。尽管是四张桌子，也是正规的火锅店。张勇是个追求完美的人，他要定制四张正规的火锅桌子。那个年代所谓的正规，无非是把桌子中间挖个窟窿，把火锅陷下去，底下用天然气炉让火锅沸腾。然而，就是这样的火锅桌子在当时的简阳也找不到。张勇找到一个木匠店，把自己的想法告诉了老板。

由于是特制，价钱自然贵“一点”，老板最后收了张勇每张440元。于是，这四张桌子成了海底捞第一笔最大数额的固定资产支出。事后，张勇发现他又被人“宰”了。每张桌子人家多收了他300元。

从金表被骗1 200元，小辣椒租金比别人贵一倍，到现在每张桌子又多付300元，可见张勇不是个精明的商人，甚至不是一个精明的人。张勇的性格中有对人不设防的软肋，所以才屡教不改！

世界就是如此奇怪，任何事情都好坏参半，没有绝对的坏事！《菜根谭》中说：“信人者，人未必尽诚，己则独诚矣；疑人者，人未必皆诈，己则先诈矣。”说的是，相信别人的人，尽管不见得人人都值得信任，但自己先诚实了；怀疑别人的人，尽管不见得人人都值得怀疑，但自己先狡诈了。谁不喜欢跟诚实的人打交道？

天下没有两个完全一样的人，也没有两个完全一样的企业。张勇过于相信人的性格，不可能不延续到他对海底捞的管理上，他对海底捞员工和干部的信任也是天下无双！这就是海底捞服务员有给客人送菜、打折和免单权的源头。

其实，每个人都是一半天使、一半恶魔。如果天使敲我们的门，我们会把门关上吗？张勇这种相信人的性格一定使他遇到的天使远多过恶魔！

士为知己者死。人被信任了，责任心就像吃了激素的鸡——疯长！这是至今让同行们始终不解的“海底捞员工怎么个个像被洗了脑”似的最简单的原因。

然而，恰恰是这点，同行最难学。因为他们老板的身上恰恰缺少像张勇这样“轻信”人的DNA。

海底捞尽管是四个股东的，但在相当长的时间里，海底捞的管理比家族企业还家族。海底捞头两年没有账，大总管施永宏既管收钱又管采购。每个月结一次账，是亏还是赚全凭施永宏的良心。

我问张勇："为什么不记账？"

张勇说："就那么点钱，没想到要记账，我对施永宏是从来不设防的。做小辣椒时，不给钱施永宏都来干活儿，他怎么可能偷钱？我们四个人几乎整天在店里，吃的、喝的，包括我和施永宏的烟钱都从一个口袋出。"

信任可以节省很多管理成本，家族企业的管理效率无疑是最高的。施永宏有时早上两点钟就起床，跟踪供应鸭血的小贩，看看他们进的货是否新鲜；为检验供应商说的是否真实，他会把手伸到鸭肚子，去试试鸭的体温。

“菩萨”施永宏

人自恋的背后是自大和自信。其实，自大与自信之间没有一条泾渭分明的线。成功的人，尤其是少年得志的人，身上总会透着一股让人不太舒服的自大。可能正是这种自大才使得他们敢于与众不同；也正是由于与众不同，他们才有可能成功。

海底捞的成功过程，不断强化了张勇骨子里的自大。因此，他逐渐感到同他一起创办海底捞的三个股东，越来越不符合他做企业的要求。张勇是个极不讲情面的人，他让他们一一下岗了。

张勇除了很早就让自己的太太回家了，2004 年让施永宏的太太李海燕也回家了。2007 年，在海底捞的生意正快速起飞的时候，张勇竟让跟自己平起平坐的股东、最忠诚的死党、20 多年的朋友施永宏也下岗了。要知道施永宏夫妇也是海底捞 50%的股东！

更让人匪夷所思的是，张勇不仅让施永宏下了岗，而且还以原始出资额的价钱从施永宏夫妇手中买回 18%的股份，2007 年，张勇夫妇成了海底捞 68%绝对控股的股东。

为什么？表面的原因是海底捞准备上市时，财务顾问给他们的建议是，公司有绝对控股股东有利于上市。其实，公司内外，包括张勇和施永宏自己都明白，张勇认为施永宏的管理能力已不适应海底捞的发展。

施永宏怎么就同意了？他为什么同意张勇这种“强盗似的

豪夺"？其实，不论从股权投入上，还是从时间和精力的付出上，海底捞都是张勇夫妇和施永宏夫妇共同的孩子。

我问张勇："你付钱给施永宏了吗？"

"只是象征性地付了。"张勇说。

"那他为什么就同意了？"我又问。

"没有为什么。我说了，他就同意了。"

我始终不信。我见到施永宏第一句话就问："海底捞现在这么赚钱，18%的股份可不是一个小数，你就这么卖给了张勇？"

施永宏说："对。"

"股份要去了还不说，他还让你这么年轻就下了岗，你舒服吗？"我又问。

施永宏说："不舒服。"

"那为什么同意呢？"我接着问。

"不同意能怎么办，一直是他说了算。"施永宏沉思了一会儿，有些无奈，但很平和地笑着说。这更惹得我仔细端详他，他真像一尊佛。

"后来我想通了，股份虽然少了，赚钱却多了，同时也清闲了。还有他是大股东，对公司就会更操心，公司会发展得更好。"他又补充了一句。

我问他："32%的股份每年会分很多钱。你这么年轻，不会不做事吧，以后做生意还找不找张勇合伙？"

施永宏坚定地说："不找。"

显然，施永宏还没有完全成佛。

现在施永宏只是作为海底捞的股东参加股东会。但是海底捞一旦有什么事，只要海底捞需要，施永宏还会一如既往地像当年一样把手伸进鸭膛里。

海底捞这场匪夷所思的股权转让只能发生在张勇和施永宏之间。心理学解释，人与人的关系是互动的。在长期相处中，人都无意识地按照对自己比较重要的人的期望而变化；于是，每个人都逐渐成为别人所想象的人。

纵观张勇同施永宏的关系，一开始就是张勇为主，施永宏为辅；于是，大事难事总是张勇拿主意；再于是，张勇就真的变成领袖了。张勇认为施永宏是执行者，施永宏就越来越成为执行者，最后，以至于连个人的股份也都由张勇说了算。

海底捞创办时，四个股东每人 25%，或者说张勇夫妇和施永宏夫妇各占 50%；但实际上，绝对控股权一直在张勇手里。

什么是绝对控股权？就是对公司的经营管理说一不二的发言权。从海底捞创办到现在，几乎所有大事都是张勇拿的主意。十几年之后，越来越自信，也越来越自大的张勇说：“事后证明我都是对的！”

由此可见，海底捞实际上从一开始就是一个有大股东的公司。除了分红，施永宏在公司发言权上一直就是小股东的地位。只不过这次通过股权重新分配，在法律上确定了张勇的大股东和施永宏小股东的地位。

张勇的自大还没发展到盲目。我同施永宏单独聊完天后，张勇就急不可待地问我："施永宏是不是很恨我？"

我说："爱恨交加。"

施永宏对张勇的恨是合理的，因为张勇，这个他最看重的人，他一生中最重要的朋友，把他看轻了！

我不清楚张勇能不能认识到这位死党的真正作用？其实就像没有张勇就没有海底捞一样，没有施永宏也就没有张勇！时势造英雄，施永宏就是张勇的时势之一。然而，领袖毕竟也是人；人一旦成为领袖，都会无意识地夸大自己的伟大。

张勇对待施永宏的做法，让人不能不想到卸磨杀驴，而且杀得毫不留情！作为朋友，张勇显然不厚道；然而，作为公司的创始人，张勇无疑是优秀的。因为海底捞要想成为一个现代化的企业，就必须解决家族企业创业者天花板的问题。否则，职业经理人不可能在海底捞大有作为！张勇的两个弟弟也都曾在海底捞干过，但最终也因不符合张勇的标准，从海底捞走了。

我同海底捞其他高管交流时，问过他们一个同样的问题："施哥走了，可不可惜？"他们给我的答复好像都被洗了脑似的一致："我们喜欢同施哥在一起玩，喜欢同张勇在一起干事。出去玩时，张勇的车里总是空的，而施哥的车里满满的。"

我问："为什么？"

他们说："施哥人很好，总也不发脾气，但有时没主意。跟张勇在一起很紧张，他对人很严，什么事情一旦不对，说翻脸就翻脸，不分场合地大发雷霆，一点不给人留情面！”

真是：“慈不带兵，善不理财。”面相有时还真能说明问题！由此可见，张勇对这位“菩萨”伙伴的处理不合情，但合理。忠孝忠义不能两全，要成大事必须心狠手辣。

我让张勇带我到海底捞第一家店的旧址看看。现在这个地方已经破落了，沿着二层的露天走廊开着十几家各种各样生意冷清的小店，有的干脆关了门。

张勇指着这十几家小店说：“当时这些店面大部分都是我们海底捞的。海底捞火锅店一开业，同小辣椒的麻辣烫一样，很快就引来一群效仿者，最多时这个二层楼有七八家火锅店。但不久那些效仿者就做不下去了，于是，我们就把它们兼并了。不到两年，整个二楼的火锅店都是我们海底捞的了。你看，这些墙边上的瓷砖都是一段一段贴上的，这是因为我们收了那家店，才贴那段墙的原因。刚开始的瓷砖都是我和施永宏贴上的。”

真是！整个二楼墙面上的瓷砖贴得像斑马似的。

这座旧楼坐落在简阳的四知街。为什么叫四知街？据说简阳曾有过一位县太爷，他是一位清官。一天一位求他办事的人，在这条街上的茶馆跟他谈事。其间，那个人把一包钱偷偷塞给他，县太爷拒绝了。

那个人说：“你为什么不要？这个事情谁也不知道！”

县太爷说：“怎么没人知道？天知，地知，你知，我知。”于是，这条街从此就叫四知街。

看来，张勇和施永宏之间的事也只有天知地知，他俩知了！

海底捞的DNA

四知街，这个名字真好！第一家海底捞选址在此也真巧。张勇说：“海底捞做这么多年，其实就是秉承这个四知原则，做事凭良心！不论是对员工，还是对顾客。”

在四知街这座破旧的二楼上，我几乎找到了海底捞一切成功的DNA。

海底捞一开始起步就处在白热化的竞争中，而竞争是最好的老师。火锅在饮食业最没有技术含量，因为不依赖大厨，也不需要什么名贵材料。所以在喜欢吃火锅的四川简阳，张勇每一次形式上的创新，比如让客人用小火锅自己煮麻辣烫和把火锅店开在二楼，马上就会引来一大批效仿者。竞争是赤裸裸的短兵相接——集中在一条街、一个楼面，毫无掩饰地百分之百地模仿！

张勇在火锅口味上可没少下过功夫，他妈妈说：“他看过各种各样火锅的书，研究过各种各样的火锅底料，炒料炒得右胳膊明显比左胳膊粗。为了让火锅汤的味道独到，他每天都要从詹婆婆煮鹅的锅里，舀鹅汤兑火锅汤。”

然而，只有口味好，不能使海底捞从众多竞争者中胜出！

尤其是四川火锅的麻辣，吃到最后食客的味蕾都麻了。

为了采购最新鲜的原材料，施永宏不惜把手伸进鸭肚子；为了改善用餐环境，他们在简陋的墙壁上贴瓷砖，在火锅桌面上贴橱柜面板；为了让服务员形象好，他们照着空姐的服装式样给服务员定制工服……这些做法，在当时简阳的火锅业都是创举。

然而，只有口味、硬件和卫生方面的改进，不能让海底捞战胜对手！

降价呢？一个没有任何技术含量的火锅，在 1 000 多平方米的楼面挤了七八家竞争者，价钱早就低得没有任何空间了。

于是，华山只有一条路——用超出对手的服务，用超出一般人想象的服务感动客人，吸引客人。

这招儿灵了，海底捞终于拉开了与对手的距离。

简阳人好面子，朋友开餐馆不去捧场不好意思。海底捞同对手竞争得最激烈的时候，有的顾客本来跟隔壁的火锅店老板是朋友，可是他们却成了张勇“变态”服务的俘虏，来吃火锅时往往趁隔壁朋友不注意，偷偷溜进张勇的店里，还得故意找个背对门口的座位，因为怕朋友从门口过看到。

当这些竞争对手的朋友都成为张勇的顾客时，他们就只得投降了。当同一个楼里的竞争对手都把店卖给海底捞时，全县闻名的四知街火锅城，变成了海底捞独家火锅城。

于是，对客人的“变态”服务成了海底捞的名片，服务成了海底捞的定海神针。海底捞服务差异化的战略，在四知街火锅城的厮杀中形成了雏形。

任何有效的战略都不是想出来的，而是摸索着做出来的。24 岁开始办海底捞的张勇，事先一定不知道这个服务差异化的战略。但张勇知道对客人好，人家就愿意来。简阳吃火锅的客人无数，但海底捞这 4 张桌子的客人必须一个一个争取。

客人千人千面，怎么争取？下雨天，一个老顾客从乡下回来鞋脏了，张勇让伙计把他的鞋给擦了；一个客人昨天喝酒胃不好，张勇就给人家熬一锅小米粥；一个顾客夸海底捞的辣椒酱好吃，他就给人家送几罐。

这是殷勤吗？当然是。

但，人就是这样一种奇怪的动物，同一个行为会有高低之分。无意识的殷勤和有意识的殷勤，正常人是能够体会出差别的。无意识的殷勤，人们会感受到好意；有意识的殷勤，人们会感到功利。任何东西一涉及功利，就失去了感动。

自大的张勇对待客人，表现出超过常人的殷勤和谦卑。这是出于他的职业思考——餐饮是服务业，服务业就是伺候人的，伺候人就要把人伺候好？还是由于他的屈辱神经比一般人麻木，以至在路边收油时，被人吐一脸吐沫都没有太难受的感觉，因此，对客人过分殷勤也就不会感到卑微？

这两种原因可能都有，但我猜测张勇性格中的屈辱感比较麻木的成分可能更大！因为前一种原因是出于理性的思考，从事这个行业的人都知道，所以服务业都教育员工：顾客是上帝。可惜，后天教育出来的东西总不是那么自然。而性格里的东西则是自然流露——顾客本来就是上帝，上帝错了也是对的，这是不用教育的！

于是，张勇的殷勤被客人解读为真诚；再于是，竞争对手的朋友就变成了他的顾客；最后，客人是一桌一桌抓的打法也就形成了。

“暴君”张勇

如果对张勇进行360度评估，我相信不论是他本人，还是员工或朋友，对他的评价中都应该有一条，即本性善良；但同时也会有另外两条，那就是不讲情面和脾气暴躁。

张勇的不讲情面，在他对施永宏的处理上表现得淋漓尽致。人需要被提醒，胜于被教育。如果张勇对一起打江山的死党尚且如此“赶尽杀绝”，那么所有人就会明白，情面在海底捞不值钱，值钱的只是能力，这就是张勇的原则。张勇是为海底捞而生，海底捞是张勇最重要的儿子；为了这个儿子，他绝对六亲不认！

这个原则同张勇身上的善良似乎是矛盾的，我为此曾琢磨半天。是哲学家的一句话给了我解释：“人本来就是矛盾体。”是啊，想想看，谁不是矛盾的？

给这样的老板打工，人自然会如履薄冰。然而，让海底捞干部更紧张的是，张勇这位“神”的脾气就像三岁小孩的脸，说变就变。他看到不顺眼的地方，说翻脸就翻脸，毫不顾忌场合和对象。

一次他同员工一起吃饭，看到一个普通员工吃饭时，把饭掉在桌子上没有捡起来，就坐过去把掉在桌子上的饭捡起来吃了，然后把员工还没吃完的盘子一把端走了。

一次，他同高管一起去四川的一个高原旅游。大家边走边唱正轻松的时候，杨小丽随手摘了路边的一束野花。结果，张勇一下子变脸了，高声责备杨小丽：这么寒冷，海拔这样高的地方，长一束花容易吗？你怎么可以随手就毁掉一个生命？你的素质这么低！

要知道杨小丽毕竟是农村长大的，她的环保意识和习惯不可能一下子拔到这样的高度。张勇太熟悉他这位下属了，怎么可能不知道这点。然而，张勇在整个旅途中竟然喋喋不休，当着所有干部的面，把这位海底捞唯一的副总经理“骂”哭了。

大家哪还有心情玩？整个旅游的气氛被毁了。休息时，看着杨小丽一个人坐在石头上默默不语，张勇才感到自己过分了，走过去说了一句：“怎么，还想不开？想不开，就从这里跳下去吧。”小丽又扑哧一声被他气笑了。

张勇这位“暴君”，显然还没到狂妄的地步。

什么是狂妄？就是把人伤了，也认为无所谓。目前的张勇还是知道给人道歉的，只不过他的道歉方法不直接。

作为海底捞唯一的副总经理，杨小丽被他“骂”的机会显然最多，当张勇发现他“骂”错了，或者过了的时候，有时会让下属给杨小丽送一箱她爱吃的冰激凌；或者安排同杨小丽要好的女同事当晚同她一起睡，做做疏导工作。

然而，男下属就没有这样幸运。

最近几年海底捞的店越开越多，每个管理人员的能力都在不断经受考验，加之制度和流程也在不断制定和完善，所以张勇在巡视时，经常会发现一些不如意的地方。于是，他的脾气就会经常肆无忌惮地爆发。此时，责任人就会受到巨大的压力和委屈。

在访谈过程中，很多管理层清楚地对我表示，他们对张勇这个脾气尽管无可奈何，但也很不满意。很多中层干部对张勇不分青红皂白地当他们的面批评自己的顶头上司，感到非常不解和冤枉。他们说：“连我们都知道不要当着员工的面批评干部！”

一个干部同我说：“我们的工作是一条连续性的线，他偶尔过来看一下，只是看到一个点；而这个点可能不尽如人意，但一定是有前因的；当事人也不是不知道，而且，未来也是能解决的。结果，他劈头盖脸就开骂，我们自然很难受。更关键的是他的这种作风，也会引起下属效仿，现在海底捞很多干部都习惯用这种方法同下级沟通，而且还感到很威风，很有效，结果，下属却感到很委屈！”

“你们这么害怕张勇，那能不能跟他反映真实情况？”我问。

一个干部说：“有时会，有时不会；反正觉得他对一线的情况不太了解，说得越多，挨批得越多。”

“那你们会不会把张勇说的东西变成最高指示？”我又问。

“一般都是最高指示。”一个小区经理说。

“哪怕是错的？”我问。

“对，执行一段时间后，发现真不行，再跟他反映。好在他懂行，还能听进别人的话，知道不行，就改回来。”小区经理说。

海底捞2010年在北京推出火锅外卖的生意，负责这个新业务的经理就是曾做过海底捞最年轻的店经理的林忆，林忆的顶头上司是北京大区经理袁华强。

林忆说：“有一天我下午休息，带一个后备店长去逛街。那个女孩前一段生病，我想带她溜达溜达。我们正在商场里要买一双鞋，袁华强就来电话问外卖部的送餐准确率是多少？因为外卖部刚开始营业，业务很不稳定，客人的满意情况每天的变化也比较大，我们还没来得及统计平均的准确率。但我知道今天卖了多少桌，昨天卖了多少桌，每天有几桌客人不满意。我就跟他说，我没有算过百分比，但有多少客人不满意，我是清楚的。袁华强说，你为什么不算？你干什么了？张总刚刚说了，必须用百分比来表示。你怎么不执行？

“那天下午，袁华强连给我打了5个电话，要求我去算这个百分比，算完后，已经晚上9点，我们在商场什么都没买就出来了。这种做法让我特别压抑。到后来，他的电话我都不想接了。

“我知道袁总特别敬畏张勇，不仅对他言听计从，更受他的管理方式所影响，其实袁总同张总不是一样的人。可是他为什么这么做？因为张总也这样训他。”

海底捞的干部有一句话：“我们的优点是愿意挨骂，缺点是不会辩解。”

“用双手改变命运”是海底捞对外公开宣传的企业文化。其实，海底捞还有一个没有被宣传，但已形成的企业文化，那就是“骂你，说明重视你；骂你，你才能进步”。

善有善报

我的一个学生用记者的思维方式，在课堂上向张勇提了一个问题。他说：“张总，你认为你成功的最主要原因是什么？”

张勇挠了挠头，有些为难了。因为任何企业家的成功都不可能只有一个原因，而是一堆原因。不过，张勇想了想，还是勉强回答了这个问题。他说：“可能我这个人比较善吧。”

我看了那学生一眼，他的脸上有些茫然。显然，张勇这个回答没能让他满意。

然而，心理学揭示：人在情急之下，对未曾仔细思考过的问题的反应，往往直接反映了人们的潜意识。张勇骨子里的确有与一般人不太一样的“与人为善”。

张勇在技校读书时，有两个同班死党，一个是前面提到的海底捞二股东施永宏，另一个是杨滨。死党到什么程度？张勇开麻辣烫时，三人有时晚上睡一张单人的钢丝床。杨滨目前还在海底捞打工，不过杨滨这份工对海底捞来说则非同小可，他干的是海底捞的采购大主管。每年经他手采购的有上千吨的牛羊肉，上万吨的副食品和蔬菜。

我问这位脸上曾被烧伤过的海底捞采购大主管：“我知道餐馆的采购是很难控制的，你对你手下这20多名采购人员的诚信有多大把握？”

杨滨说：“我有百分之百的把握。”

我问：“你为什么这样自信？一般餐馆老板都不放心让外人去采购，你是怎么做到有如此把握的？”

杨滨说：“我以前是做调料生意的，是专门向餐馆，包括海底捞卖调料的供应商。后来加入海底捞，又做了10年采购。因此我知道：海底捞目前的采购流程和监察制度已相当科学和完善；另外，我们的采购人员都是从服务员和洗碗工中选拔出来的，经过长期培养，忠诚度经得起考察；不仅如此，这些从农村出来的员工本来期望也不高，他们现在的收入都同店长差不多。”

我又问：“是张勇看中了你这个死党的忠诚和做过供应商的经历，才把你请来管采购的吧？”

杨滨说：“不是，是我自己要求加入海底捞，帮他管采购的。

海底捞是 1994 年开办的，我那年正好脸烧伤了。两年后，伤好了，就在简阳的一个镇上和我太太做起调料生意，主要就是向餐厅供应辣椒酱和胡椒粉等调味品。做了一段时间，张勇看我的生意不好，就在县城里比较好的地段帮我租了一个商铺，并给我交了一年的租金，让我到县城里做这个生意。于是，我也开始向海底捞供货，可是做着做着，我感觉不对了，我给海底捞送的货，他们都不跟我讨价还价，我说多少钱就是多少钱！

“做了快两年，我越做越不舒服，就跟张勇说：算了，海底捞规模也大了，我到海底捞帮你管进货吧！张勇同意了。他说：你来了，我肯定会省很多钱！

“于是，我就让我太太一个人打理调料生意，自己到海底捞来打工了。”

我问：“那你太太还向海底捞供货吗？”

“当然不做了。就是因为不想跟海底捞做生意了，我才来海底捞打工的。”

我又问：“那张勇给你多少钱？”

杨滨说：“当时的采购都拿 600 元工资，我当然也拿 600 元了。我去的第一个月，就给海底捞省了 12 000 元。张勇非常高兴，给我打 BP 机，说我们一年就可以省十几万元，看来以前的采购没怎么管！”

我说：“你是怎么省的？”

杨滨说：“我刚来海底捞，最主要是跟踪采购。采购上市场我也跟着上市场，在供应商选择上做调整。比如，当时我们采购一个品牌的牛油，采购人员没有想到找总代理或总经销去买。我刚开始去也不知道，跟着他们买。后来发现不对呀，所有经销商都卖这个品牌，肯定应该有一个代理商，或者有一个总批发的。于是，我就费劲找了一下。终于，找到总批发那家。他说，你们买的那家都在我这儿买。牛油是按件数买，如果我们直接从总批发买，一件就省 8 元钱。当时我很生气，把那个采购狠狠地批了一顿：你买了一两年，总批发就在不到 100 米的地方，你都没有找到。一件高几元钱，一年下来多少钱！

“还有我们当时用的一种鸡精，一个月用量在 150 件左右。正品的价格 190 元左右一件，假货 70 元左右一件。采购员对业务不熟悉，这个产品又没法鉴别，因此，分不清真假货。在一家供应商那儿，我们按正货价买了两年的假货。我曾经做过鸡精生意，一看就觉得他们卖给我们的是假的。于是，我找了那家经销商说，你这个货是假货。他们做错事心虚，就把钱给我们退回来了。从此之后，为了保证鸡精的质量，海底捞用的鸡精都是自己生产的。”

我问：“现在海底捞的采购流程和检查制度，是不是都是你来了之后，逐渐积累起来的？”

杨滨说：“不光是我，但我起了很大作用。因为，我曾经是供应商，自然对卖方的情况比较了解；加之张勇对我有恩，我把海底捞的事，看得比自己的事还重。2002 年，海底捞当时并没有很多钱，张勇看我在县城没房子住，没有跟我说，就给我在县城买了房子。”

“黄老师，你理不理解，当别人有恩于你时，会是一个很沉重的负担？”杨滨突然转了话题。

“对不起，我不理解。”我老实回答。

杨滨说：“有一件事张勇现在也不知道，海底捞也没有人知道。我刚来海底捞出去采购时，一次中午吃饭，我们的车门被小偷撬了，丢了一袋胡椒，价值是 1 500 元钱。怎么办？我是负责采购的，我就把这个钱给贴上了，那是我当时两个半月的工资。回家也没跟家人说。始终觉得张勇对我好，我就要对他更好。那时候我要算一笔账：我每天的工资是 20 元钱，我今天创造的价值超过 20 元，我就高兴，超过越多，就越高兴。”

“怎么叫超过？”我有些不解地问。

杨滨说：“比如鳗鱼市场价是 9 元一斤，如果我能用 8.5 元买回同等质量的鳗鱼，每斤就创造 5 角钱的价值。2002 年，采购部人手不够，我整整一年，包括周六周日，没有休一天假。每天早上 4 点钟起床开始干活儿，因为做采购的一定要起早，一直干到晚上七八点钟，才开始做账；每天只休息四五个小时。当然这种干法，人是要得病的。这是我出了问题之后才知道的。我 2004 年和 2007 年两次得了抑郁症，总想跳楼。我也曾跟张勇提出辞职，可是他一个电话又把我留下来了。”

“他是怎么说的？”我问。

“他说了两个意思：第一，你说走就走，太不负责任了；你走了，采购谁来管？你为什么不帮我？第二，如果你觉得是因为同学这层关系才让你做采购，因此你感到不舒服，那么你在公司给我找出一个人来，你认为他能够担当起你的职务，你就可以走了。”杨滨说。

我问：“你为什么要辞职？”

杨滨说：“不仅是因为累，还有同张勇这种关系，让我越来越感到不舒服。”

“为什么不舒服？当初你不是主动要帮张勇的吗？”我问。

“是呀，但是随着公司越来越大，他的名声越来越响，我同张勇的关系也越来越疏远。倒不是他有意这样做，而是我有意这样做，现在能回避同他见面，我一定会尽量回避。因为我不想让别人形成我是张勇的同学在这里混饭吃的看法。另外，张勇这个人做事要求很严，很难得到他认可；他脾气又急，批评起人来根本不顾及场合。别的下属受他那种批评都很难接受，我就更难了。”

“你同张勇现在还能不能像以前那样，私下喝一杯，聊聊闲天？”我问。

“不能，完全不能了。连过年也都不拜年了，我只能收到他给全体干部群发的拜年短信。”杨滨一边说，一边若有所思。

“你从什么时候开始从心里感到同张勇远了？”我又问。

杨滨说：“其实是个逐渐的过程，我记得我曾跟张勇说，我感谢他给我的机会。结果张勇说，你不应该感谢我，要感谢就感谢海底捞。好像是从那时起，我确信他已经变成另一个人了。可是我尽管知道同张勇的关系已变成老板和雇员的关系，却仍觉得还欠着他，这就是经常让我纠结的地方。”

我明白了，“滴水之恩，当涌泉相报”是一种好的品德，但在经济交换上其实是不公平的，因为用一滴水就能换来源源不断的泉水。

然而，我感到让杨滨纠结的原因可能远比经济交换要复杂。在海底捞其他员工眼里，张勇就是一个神；在杨滨眼里，张勇还是一个人。只不过张勇是一个变了的人，变得让杨滨陌生和不太喜欢；10年前他加入海底捞，是为了向那个他喜欢，而且对他有恩的张勇报恩；那时，他同张勇的地位是平等的，你帮我，我更帮你！可是，现在他又为了什么？他同张勇的地位不平等了，他继续拼死拼活地干，难道仅仅是因为海底捞的高薪吗？

我们经常听有人说：“那小子当了官，就真觉得自己了不起了！那家伙发达了，就开始在我面前端架子！”

是张勇故意在旧日的死党面前端架子吗？

我相信不是。古人有句话叫“时位移人”，说的是，人会随着时间和地位的变化而变化。

因此，张勇不变，才不是人了。

第六章

海底捞你学不会!

韩国人眼中的海底捞

中国还没有一家餐馆像海底捞这样，还没在国外开店，名声就传出去了。

下面是三个听我课的韩国留学生，写给我的学习海底捞的心得。李垠周写道：

“我父母和哥哥也是经营餐厅的。我家经营餐厅已经60多年了，是从我爷爷和奶奶那辈儿开始的。因为我未来也要在我家的餐馆里工作，所以对餐馆的服务非常关心。我在韩国的时候就听朋友讲过‘海底捞’火锅店的服务名气。因为韩国的餐厅服务态度已经比较好了，所以我就想‘海底捞’的服务到底怎么个好法，为什么大家都说非常好？我来中国后，跟同学们一起去‘海底捞’吃火锅。一进门，我就非常惊讶。我有点不相信，在中国有这种餐厅吗？是不是我看错了？因为我是1998年第一次来中国，之后在中国待了5年，从来没见到这样的服务。以前，我对中国最不满意的就是服务态度和服务水平。然而，在海底捞我真正体会到了它名不虚传的服务。我觉得海底捞除了服务态度有特色以外，菜也比较新鲜，味道也可以。虽然价格比其他的火锅餐厅贵点，但作为一个消费者受到那么周到的待遇，我还是能接受它的价钱的。

“老实说，这家餐厅如果是在韩国，就不会这样突出。但这是在中国，所以海底捞的服务就非常有独特性。我认为中国在2008年举办奥运会后，很多方面都变化很大。尤其是服务方面越来越好。希望中国所有方面的服务水平，都能尽快地变得更完善、更完美。”

李蕙旻写道：“好像很多外国人来中国后的第一个印象就是服务质量太差。上菜时满脸不高兴，结账后找零钱时，往往会把钱往桌子上一扔。中国人的服务态度总让我感觉不舒服。不过，现在比以前好多了，但服务水平还是比较低。让我改变对中国服务的印象的就是海底捞。它的服务员连非常细微的部分也照顾到了，这真让人舒服。我认为这是我在中国受到最好服务的餐馆，尽管与韩国的服务质量比起来也没有什么差别。我一直在想海底捞服务这么好的理由是什么？终于，我在黄铁鹰老师的课上找到了答案。黄老师让我明白了，服务员幸福才能让客人幸福！公平公正地对待员工、提供好的住宿条件、给员工公平的晋升机会等，都会让员工的幸福指数提高。张勇董事长能真心对待自己的职员，这应该是他从以前卖麻辣烫的经历中得出来的经验吧。我认为这种人力资源管理，韩国也是要学的。”

金修珍写道:“海底捞是让我特别感兴趣的案例。我也特意访问过海底捞，去感受它真正热情和诚实的服务。我还观察和领会到，权力下放后的服务的快速性和顾客的满足感。比如，服务员以自己的名义送给我价格 8 元的点心，理由非常简单，因为我教了他几句韩语。我在海底捞总的感受是，吃得舒服，心情很愉快。

“但我也有一些疑惑。现在全世界基本都不赞同家族式经营模式，提倡现代管理模式。但听说海底捞的很多职员都是乡亲父老，在这种圈子文化里要把人的公平感保持住，我认为很难。还有，现在海底捞的服务在中国可以说是很好的，但听说他们准备把事业扩展到海外，进军韩国等。可是，在国外服务质量很高的地方，海底捞还能有优势吗？”

我把这三个韩国学生对海底捞的看法录入此书，目的也是给张勇和海底捞提个醒，因为听说海底捞也有进军海外的计划。

会计师行向海底捞学习

我在讲授海底捞案例时，碰到最多的问题是：海底捞的员工都很简单，所以它的管理方法只适合低文化素质员工的行业。况琳是我的学生，她目前在国际四大会计师事务所某公司任中层主管。她学了海底捞案例后，给我写下了如下心得：

在讲授海底捞时，黄老师扔出了一个对于我来说无异于是炸弹的理论：管理是学不到的，不可复制的！于是我疑惑了：如果是这样，上MBA案例研讨课还有什么用呢？听完了海底捞的案例后，我明白了，黄老师说的管理学不到，是指不能照搬，因为每个企业所处的行业、员工和文化等等，各方面情况都不一样，每一个细微的差别，都可能导致一个成功的管理模式失效。但不能照搬，不等于不能借鉴。海底捞的案例就让我感到恍然大悟，它对我解决当前在日常管理工作中的一些百思不得其解的难题和疑虑，非常有帮助。

我现在国际四大会计师事务所之一任职，事务所在全国有超过7 000多员工，北京办公室有2 000多人，我担任一个约100来人的部门主管。在2009年的金融危机中，我们的业务遭到了重创。为了削减开支，公司出台了包括年底不加薪、强制休低薪假期等一系列措施，这些措施大大削减了员工的工作积极性。再加上一系列的高层人事变动以及不同领导的风格转变，导致员工的士气大大受损。公司也注意到了这点，开始有一些挽回措施，例如开设一些员工意见反馈通道，组织集体活动等。但这些活动收效甚微，大批的优秀员工近期不断离职。作为中层管理者，我既对高管的管理措施不满，又着急找不到解决方案。在读过了海底捞的案例之后，我对公司的现状和一系列管理措施失败的原因有了一些新的理解。其中让我感慨最深的几点包括：

1. 对管理者的最基本也是最重要的要求——理解员工。

张勇之所以在激励员工方面取得了别人达不到的成绩，是因为他对自己企业员工的心理和诉求都格外理解。只有理解了员工在想什么，才能有的放矢地采取最佳的激励员工的方式。我们公司现在的主要高级管理人员都来自香港，全国的人事政策制定权也被牢牢掌握在香港总部。中国地域广阔，仅北京、上海和深圳三地的文化就有巨大差异，与香港更有着天壤之别。管理层用香港文化来揣测内地员工的想法，把他们在香港分所用了几十年的成功管理模式作为先进经验借鉴到内地，自然会水土不服。其结果是，公司用于员工激励的资金被白白浪费在对员工不起作用的“鸡肋”项目上，员工仍然感到不受重视，得不到激励。

2. 监督不是管理。员工最值钱的是大脑，雇用员工的双手是最笨的。

海底捞员工的士气高涨，同公司对他们的信任是分不开的，比如海底捞一线服务员有给客人送菜、打折的授权。

可是在我们事务所，管理层为了保证业务质量、降低成本，加大了对员工的监督力度，例如严格考勤、请假制度等。员工开始有不被信任和被监视的感觉。事务所的员工大多是来自名牌大学的尖子生，当这些聪明人对公司和管理层有了抵触情绪的时候，有两个直接结果：(1) 他们自然能找到令监督措施失效的方法；(2) 他们对公司产生不信任感，为了拿到这份工资，他们会按要求去工作，但绝不会为了干得更好而付出额外的思考和努力。这大概是公司在制定需要花费大量金钱和精力的精英员工招聘政策时所没有想到的。

3. 创意不是推行的，是员工满意的自然结果。员工满意才能带来顾客满意。

会计师事务所与海底捞的一个共同点是，两者的一线员工都是直接面对客户。我们公司反复强调客户满意度的重要性，并且采取很多措施去评估和改善客户关系。管理层为员工设置了很多规定，以期通过管理员工来获得客户的满意，其中大到诚信的品格要求，小到着装要求，管理层总认为“管”好了员工就能获得客户认可，但他们从来没有意识到，一线员工的满意才能带来好的服务，才能获得客户的满意。

4. 超值服务的真实意义。

国内的会计师事务所至少有上百家，都可以为客户提供审计服务，最后都出具审计意见，没有太大差异。公司总强调我们与别的事务所不同的地方是我们要向客户提供超值服务，而对于超值服务的概念，却从来没有向员工真正说清楚，仅停留在要表现得职业化、专业能力要强等要求。我觉得张勇的一句简单朴实的话就把这个问题说清楚了："他们都说我的火锅不好吃，但他们还都愿意来吃。"跟火锅店一样，既然与竞争对手提供的产品的差异化不大，我们就不应该在产品上做文章，而应该在服务过程上做文章。如何能快速回答客户的问题，如何让客户感到我们尊重他们、重视他们的问题和难点等等，可能才是我们真正应该花时间去研究的。

IT工程师学海底捞

欧阳易时是我的学生，他是一名管理IT工程师的经理。听过海底捞的案例课后，他写了一篇学习心得。

海底捞案例给我的最大启发是，如何调查客户满意度，以及如何提高员工积极性。

首先，客户满意度的调查应根据行业和客户特点，在定量或者定性方式中选择适合的一种。在餐饮行业，定量指标的客户满意度调查需要采用一系列的调查问卷，然而在饭桌上填写调查问卷，可能使顾客感到不适甚至反感，并且服务员可能在收集调查问卷的过程中篡改或销毁对自己不利的答卷。因此，定量化的调查问卷不适用于餐饮行业。海底捞采用了定性的客户满意度调查——经理定期或不定期地到门店，亲自观察客户是否满意。这种调查方式的问题在于，评价结果包含主观因素。但是，由于海底捞的经理也是从服务员做起，所以其评价基本都会比较真实地反映实际情况，消除了主观因素。

发生在我所从事的行业中的事例使我相信，经理也应该定期到客户现场，与客户沟通，观察员工现场工作的情况，从而判断客户当前是否满意，以及是否存在客户不满意的隐患。

我们公司是提供技术咨询服务的，员工经常出差，需要在客户现场完成许多工作。公司每年会由市场部向客户以电子邮件方式发送《客户满意度调查问卷》，这种方式无法保证及时性和准确性。部门每周召开例会，但是例会上项目经理的报告并不能客观反映客户状态。这种管理方式最终导致某项目的客户不满意，而我却迟迟未发现。此事之后，我开始一个月拜访一次该客户，询问客户对我们的工作有何建议和意见。这种方式取得了成效，公司找到了改进的方向，客户满意度逐步回升。对于其他客户，我会根据项目经理的经验和客户口碑，选择不同的周期拜访客户，周期通常不超过3个月。除了与客户交流，拜访客户的同时我还会观察员工的工作情况，例如工作效率、回答客户问题的态度，并且及时提醒他们。我所在行业的特点是，客户不满意通常是一个积累的过程，并且不满意多源于员工的态度和效率问题。因此，我认为客户满意度调查应采用定期、定性的调查方式，并通过观察员工行为避免客户不满意情况的发生。

客户满意要靠员工的积极性。海底捞案例给我的第二个启发是，公司应鼓励员工创新，给予员工成就感，从而提升员工的积极性。海底捞以员工的名字命名一项创新，这种精神上的鼓励比物质鼓励发挥了更大的作用。海底捞员工在每天的总结会上都会讲述自己一天的成就，他们实际是在暗自比拼——比拼创新，比拼态度，比拼记忆力……这种氛围产生了积极的效果：有人拥有成就感，有人则想要超越他人或自己。

创新和成就感可以提升员工积极性，但是必须采用适当的方式。我曾督促员工创新，但是没有任何效果。有时，我甚至对某些员工失望，认为懒惰是不愿意创新的根源。然而，后来我发现问题源于我，我总喜欢把事情考虑得面面俱到，并把具体安排告诉员工，我认为这是部门经理的职责。然而，这种方式使得一些员工逐渐放弃了主动思考。

鼓励创新需要给员工足够的空间。此后，我将部门发展、技术发展等问题交给员工，请他们做报告，并在部门内部讨论。员工在这个过程中开始为组织的发展思考，提出很多新的发展思路。一旦想法被认可和采纳，员工的成就感就会上升。反之，对于思考不足的员工，在讨论过程中，大家会一方面鼓励，一方面提出质疑，启发他们继续思考，完善方案。

在实践中我发现，员工的积极性不仅取决于创新和成就感，还取决于“部门发展的参与度”。对于知识力密集型的企业，一个公平的环境，不仅应保证工作分配、绩效评估、收入、个人发展的公平，还应允许每一位员工参与部门发展的规划。在这样一种环境中，经理的职责应该是激发每个人的创新思维，而不是包揽企业或者部门的大小事宜。经理应该信任员工的创新能力，敢于尝试，敢于授权。

通过海底捞案例的分析，我深刻地认识到两点：对于服务行业，客户满意度应通过定性指标评价，经理人应面对面地向客户了解满意程度；在知识密集型企业，员工的积极性不仅取决于创新和成就感，还取决于他对部门发展的参与程度。

我从海底捞案例中找到了一些适于自己企业的、共性的管理方法。然而，战略和管理永远是具体的，是很难或者不可能被复制的。因此，对于管理者更重要的是找到产品和服务的差异化，摸索出适于自己企业的管理方法，就如同海底捞在火锅行业内采用服务的差异化，并摸索出自己特有的管理方法一样。

MBA学海底捞

海底捞的案例在《哈佛商业评论》发表后，走进了中国各大商学院的课堂，下面这篇学习心得是我的学生王廷伟写的。

来北京这么多年，吃过餐馆无数。关于海底捞，听人说过名字，听说吃饭可以送个塑料袋装手机，别的却一概不知。直到看了黄老师的案例，才忍不住想去一探究竟。于是案例分析课前一天的周六晚上，跟老婆一起到了海底捞亚运村店。

车开到北奥大厦门口，就有人过来代泊车，而且马上有迎宾员来问是否有预订。放眼望去并没有几个人，我心里暗暗高兴，看来选择8点多来是明智的，不需要排队了。没想到，迎宾员说周六人比较多，请我们到大厅稍候，我们要排到48号！既来之，则安之，反正是来体验的，就走进了大厅。这时候才发现，原来是别有洞天：两个不小的等候厅里，已然坐满了等着叫号的顾客！

免费小吃、免费水果、免费饮料和各种桌面棋牌游戏……想必大家都已经知道了。就这样等了一个小时左右，我利用这一个小时把黄老师的案例又完整读了一遍。其间有服务员来问过旁边等位的一家子，说楼上有包间，可以少等一会儿直接去包间，需要加58元的服务费，问愿不愿意先去？对方想了想，说还是不用了，58元能多吃两盘肉呢……又过了一会儿，终于叫我们的号可以上楼了。去过的朋友知道，上楼是说离有位子更近了一步，但还要在楼上继续等，只不过可以看菜单点菜了。当然，免费水果还是少不了的。

看菜单的工夫，服务员过来说：实在抱歉今天人多让二位久等了，为表示歉意，我们请二位到包间用餐并免收服务费，二位看是否可以？那还有什么说的，当然可以啊！心里小高兴了一把，终于不用再等，还省了包间费！

包间的环境确实很好，一边听着柔和的音乐，一边点菜，同时一直在留意服务员的举动。从门口跑进来一个小孩儿，又唱又跳特别高兴，服务员也不停地逗他，说是隔壁包间的孩子，一直不肯闲下来。我们也觉得好玩，时不时跟着逗几句，服务员陆续把茶和锅底都端了上来。一切看起来都没什么异常。就在这时，戏剧性的一幕出现了：小孩儿突然喊“妈妈”，然后蹲在地板上，拉了！！虽说包间挺大的，可还是明显能感觉到，有味道！服务员没有着急叫隔壁的家长，而是赶紧准备怎么清理，一边连连说着对不起。我们倒是理解：小孩子嘛，就说没关系，老婆也帮着找纸巾。

可是，坐到座位上，始终觉得怪怪的，小孩儿也还没拉完呢，这饭吃还是不吃？……这时服务员还是主动过来，说：实在对不起，影响了二位，旁边还有一个大点的包间，帮二位换到那边是否可以？茶水和锅底我们都会给二位重新准备。

于是换了过去，重新开始。（服务过程一直很好，略去）。

……

服务员进出服务的间隙，我忍不住问了很多感兴趣的问题，主要的几个摘录如下：

1. 海底捞服务员都来自简阳，是怎么选拔来的？

答：我是来自陕西，现在各个地方的服务员都有了。选拔的原则主要是符合条件，能够为顾客用心服务。

2. 怎么考核员工？主管的考核会不会有偏颇，怎么保证公平性？不合格的员工怎么淘汰？

答：主要还是看是不是用心服务了，你的微笑是不是真诚的。主管会看到，你周围的所有同事也都会看到，所以很少有不公平的情况出现。对出现问题的员工，也不是一下子就开除。主管会指出你的问题，以及如何改进。只有问题被指出了不改正，并且还屡次出现的极少数人才会被淘汰。

3. 跟同行相比，待遇是什么水平？

答：有从我们这儿出去的，才知道我们确实比别人待遇好很多。具体是：

（1）一般餐厅每天管服务员三顿饭，但海底捞考虑到晚上下班晚，是管四顿饭，而且饭菜的质量都不错。

（2）一般餐厅的服务员都住地下室，但海底捞的员工都统一住在公司的公寓房，比较有安全感，房管的阿姨人也不错。

（3）一般同类餐馆服务员的收入在1 500元左右，我们的收入至少有1 700元、1 800元的样子，而且会有奖金，直接寄给老家的父母。

（4）最重要的是大家每天都很开心，这种开心是发自内心的。

……

还有两个需要补充的细节是：

1. 为表示歉意，服务员额外送了一份素丸子（一种素馅，放在涮锅里就会成为丸子）。

2. 离开之前，服务员说看二位都像是读书人，送一份礼物二位应该可以用上。打开一看是一个泥陶的笔筒，很精致。

走出大门的时候，颇有感慨。祖国上下，吃过的餐馆太多，服务好的也不是没见过，但感受这样的服务，而且所有这些服务理念从一个普通服务员嘴里说出来，还真是第一次。从服务员身上，确实折射出了海底捞的管理智慧，这些智慧是什么呢？从张勇那里我们知道，在开第一家店时，他并没有想到这么多，全都是凭直觉做，这些管理方法是海底捞的团队十几年来一点一滴摸索和积累下来的。黄老师的分析也告诉我们，海底捞的管理者在决定每一项管理政策时，更多靠的是对人性的直觉理解，靠的是对农民工这个特殊群体的直觉理解，靠的是对餐馆服务员这种特殊工作的直觉理解，靠的是对成千上万不同顾客的直觉理解。这些简单直觉的背后，包含了他们对人生和世界的思考……那么，对于我们这些MBA，所有这些智慧，或者直觉理解能带给我们什么样的思考？

我想到在我们公司里，面对客户的时候我们也许经常会说“这件事我做不了主，需要请示我的老板”，或者接到客户投诉时说“这件事不是我负责，您可以联系某某某”。

我们怎么就不能做到像海底捞的服务员那样呢？

首都机场学海底捞

海底捞的案例在《哈佛商业评论》上发表后，其影响远远超出了编辑和我们的想象。我猜想可能是海底捞的行业是个谁都能做的行业，海底捞的管理方法是谁都明白的方法，海底捞的员工是再普通不过的服务员，然而，能做到让北京人三伏天还要排队去吃火锅的餐馆却仅此一家！

首都机场管理部门看到这篇文章后，特意请我就海底捞案例给他们讲课，目的是要提高首都机场的服务水平。接到他们的邀请，我心里就一直犯嘀咕：火锅行业是个完全充分竞争的行业，机场可是个绝对垄断行业。首都机场向海底捞火锅店学习，这等于皇帝儿子要向农民儿子学种地！尽管我非常理解首都机场要提高服务质量的苦心和决心，然而，怎么讲这堂课我一直没想好。

7 月我从韩国首尔回北京时，首都机场的人约我在机场见面再详谈讲课的事。因为脑袋想着给机场讲课，下了飞机对首都机场的服务就格外留意。结果，一件小事，一件让我和我身边所有刚从首尔飞来的旅客都不能不注意的小事，成了我给首都机场讲课的开场白。

抵达第三候机室的国际旅客，下飞机后首先要先坐三分钟的有轨电车（机场人员称它为捷运车），才能到达办理入境手续的地方；同样在第三候机室起飞的国际旅客，办完出境手续后，也要坐三分钟捷运车，才能到等候飞机起飞的区域。所以这个捷运车，三分钟一趟，来的时候送上飞机的旅客，回去的时候接我们这些下飞机的旅客。

捷运车两边的门像地铁一样都能打开，但同地铁不一样的是，上下车旅客要走不同方向的门。车停在接旅客的站台时，下飞机的旅客要先等车另外一边的门打开，里面上飞机的旅客下去后，那边门关上，这边的门才打开，轮到下飞机的旅客上车。

就在我们看着那些上飞机的旅客鱼贯而出时，一个跟那些旅客同车厢来的工作人员，看到车厢地上有两张纸片，开始用脚踢它们，我一下子没明白他要干什么？他像踢足球那样，一脚把一张纸踢出车门。哦，他原来是在清洁车厢！再踢另外一张，没有踢出。在所有首尔飞来的旅客的众目睽睽下，他又来一脚，纸飘了一下，还是没有被踢出。当他还想再踢时，车门已关上了，我们这边的车门打开了。我们开始上车，他只能放弃了他没完成的清洁工作，同我们站在一起。三分钟后，捷运车停下来，当我们下车后，我回过头看他，他又开始用脚踢那张剩下的纸片。这次他成功了，一脚把那纸片踢到站台上，门又关上了，又一拨旅客上来了，他随着他们又去清洁了。

据说首都机场第三候机室，是目前世界单体最大和设备最先进的候机室。看到那太空梦幻般的设计，真让人为中国骄傲！可是刚才这一幕却让人像吃完海鲜大餐的最后一口吞了一只绿头苍蝇！我用眼角余光扫了一圈，看看那些同样观看到这场清洁工作的韩国旅客有什么反应。两个商人装束的韩国人边看那个清洁工，边用韩语低声笑着交谈着。然而，令我奇怪的是他们眼神里不是我所想象的惊讶，而是司空见惯的平静，似乎是在说:“这就是中国。”

每次在国外逛商店看到同样尺寸的中国彩电，一般都要比韩国和日本的便宜几百美元。价钱差那么大，让我也不太敢买中国电视，总觉得便宜没好货。我同一位TCL的朋友曾认真讨论过这个问题，他不经意的一句话让我顿悟。他说：电视机制造是成熟技术，我们的质量同他们的绝对没有那么大差别。但任何品牌都不仅仅是质量和价钱的问题，还有民族背景。

记得一个在东北开饭馆的韩国朋友曾跟我直言不讳地说，韩国清洁工人擦地时眼睛总是盯着地面，而中国清洁工人往往抬着头。尽管他特意为中国员工规定了擦地流程，可是他发现让中国员工每天把地擦干净不是一件容易的事。他认为这才是韩国产品质量比中国强的根本原因！看我有些尴尬，他又往回找了一句:“当然，按日本人的标准，我们韩国人也不太合格。不信，看看日本人的花园，一般韩国人也都自愧不如。”

我的自尊心仍然受到伤害，我说:“你不能以偏概全，香港、台湾甚至很多深圳、上海的饭馆卫生丝毫不比你们韩国的差！”

可是那位喝多了点的韩国人仍不依不饶地说:“我讲的是平均水平，你到韩国农村的餐馆洗手间看看，再到中国农村餐馆的洗手间看看，就知道我讲的是什么意思了！”

我一下子火了，我说:“韩国那么小，当然能平均。可是中国这么大，怎么能平均?！”

首都机场显然不能请韩国人和日本人来做清洁。我们只能矬子里拔大个，在不平均的中国，请更胜任清洁工作的人来做这项工作。

于是，我给首都机场提了如下改进服务水平的建议。

我说，从那个脚踢纸片的青年人脸上可以看出，他应该是个城里人，很可能还是个北京城里人，因为他有北京城里人那种特有的矜持。从他的年龄可以看出，不出意外，他一定是独生子女政策的产物。

一个“80后”北京城里的独子，一出生嘴里就应该含着把金钥匙。为什么？因为他命中注定至少要有两套北京住房，他父母会给他留一套，父母的父母至少还会给他留一套，这还没算他太太那边的。在北京城里有两套住房意味着什么？意味着一个人可以不用工作，租一套，住一套。

有这样背景的二十几岁的北京人，让他在大庭广众面前做那种枯燥、单调和不体面的工作，同时还指望他能像日本人和韩国人那样敬业，那无疑是让铁树开花！

所以对这样的岗位，我建议为了国门的面子，为了中国产品的民族形象，还是别用北京人啦！

有人会说，你这不是歧视吗？

可世上哪有那么多公平的事？

想想看，北京歧视外地人的政策还少吗？

首都机场是全中国的机场，中国这么大，经济发展这么不平衡，各地文化这么不同，为什么不能人尽其才，让相对愿意做清洁的人来给国门扫地？

我接着说，怎么向海底捞火锅店学习？就要从这里入手，北京海底捞的员工中，就有很多是四川农村来的！四川人的服务意识是北京人学不来的！不仅如此，我还建议首都机场不仅要请四川的年轻农民，更要请年龄较大的，比如，四五十岁的四川农民！因为这样枯燥单调的工作，即使是农村的年轻人也很难不厌其烦！

看着听课者们聚精会神地听，我越讲越兴奋！我说即使是来自农村的中老年清洁工，也要尽可能地让他们的工作内容丰富些，否则三分钟过去，三分钟回去，包括上下车时间，每个小时至少要15次,8小时120次，是人都会晕的。所以应该让他们经常在清洁厕所、大厅和收集行李车等其他简单劳动中调换一下，以增加工作趣味性。

……

讲完课，首都机场的管理者们照例给了我礼貌的掌声。

可是送我走时，一个经理跟我说：“黄老师，我们首都机场是个小‘联合国’，有20多个独立单位。那个捷运车就是国外公司提供的，这两年是由他们负责运营和维修。而很多国内员工都是有关单位介绍进去的，没办法换成四川农村人！”

海底捞你学不会！

讲授海底捞案例时，我被人问得最多的两个问题，一是：同麦当劳这些连锁店比，海底捞更多是靠人治，而海底捞这种管理方法能让它走多远？我的回答是，我不知道。但海底捞已经活了16年，我只想把海底捞为什么如此鹤立鸡群的原因挖掘一下。

二是：海底捞的做法我们能学会吗？我的回答是，你学不会。因为企业管理不是科学，是艺术。就像学钢琴的不可能都成为钢琴大师的道理一样！

下文是我2008年发表的一篇引起很多争论的文章。写完海底捞一书，我更坚信管理不是科学的观点，把它重新修改一遍再登出来。

管理是科学还是艺术？这本来是学术界的争论，但现在引起越来越多企业界人士的关注。

做企业的人关注这个争论不是没有理由。如果管理是科学的话，企业就应该多招MBA并让他们担当重任，因为他们是专门学管理的；当企业面临重大决策和难题时，也应听取咨询公司的意见，因为咨询公司的雇员大多是MBA毕业生。

相反，如果管理是艺术，企业就应遵循“不管黑猫白猫，抓到老鼠就是好猫”的原则；当企业有病了，也别相信所谓的外脑——咨询公司能治你的病，因为任何艺术家的成功，主要靠其本人的天分和努力，同别人的关系不大。

其实，这个争论是从大学开设管理课程才出现的。以前尽管早有企业管理，但没有这种争论，因为管理者都是从其他专业转行做管理的。那时人们的常识是：一个任何人都可能从事的专业怎么可能是科学？可是当企业越来越大，管理越来越复杂，学校开始教授管理时，有人就提出管理是科学，争论就开始了。

尽管我有一个MBA的学位，但我同意管理是艺术的观点。原因有二：

第一，直到今天，全世界的企业管理者大部分还都不是学管理出身的，尤其是那些如雷贯耳的优秀管理者：韦尔奇、比尔·盖茨、稻盛和夫、王石、任正非、马云……竟没有一个有管理学位。反观那些从事科学职业的人，比如医生、工程师、药剂师、数学老师……不受专业教育则不能上岗。因此，如果医生、工程师、药剂师、数学老师们所从事的是科学专业，管理就应该是不同于科学的东西。

第二，合格的医生可以给不同人种的病人看病，合格的工程师可以在不同项目中工作，数学老师在中国和美国都能教数学。但管理者不行！韦尔奇管不了中国企业，王石也管不了马云的公司。因此，管理是一个知识、经验和技术不能被重复验证，甚至不能在同一个人身上重复验证的专业。这样的专业当然不是科学，因为科学必须是能够重复验证的东西。

管理不仅不属于自然科学，就是同会计和律师这样的社会科学专业也有本质不同。会计和律师的专业教育对他们所从事的职业是必需的；管理则不是，至今为止的人类管理实践证明，没有任何一种专业教育能使一个人一定成为管理者。管理是一个条条大路通罗马的专业。从农民到科学家都可能成为优秀的管理者，相反管理专业的毕业生——MBA却未必能成为管理者。

什么是科学？科学必须是能重复验证的东西。科学是能够用数学、逻辑和实验重复证实因果关系的东西，比如1+1一定等于2，酸碱中和一定生成盐。如果能找到任何一个反例，证明1+1不等于2，这个原理就错了。

什么是艺术？艺术就是不能用数学、逻辑和实验，重复证明因果关系的东西，但也不能证明没有！这就是所谓不能证实，也不能证伪的东西。对艺术来说，1+1有时等于2，有时就不等于2。比如平衡能产生美，但非平衡也能带来美；靠统一指挥的交响乐能给人带来感动，由乐手自由发挥的爵士乐也能让人疯狂。

因此从科学和艺术的区别来看，管理应该更像艺术。比如有的企业用六西格玛、平衡计分法、ERP（企业资源计划）和SAP（企业管理系列软件）这些管理方法和工具就灵，有的企业根本不管用。尽管丰田汽车厂向竞争对手打开大门，可是美国汽车行业，用了30年硬是学不会如此简单的丰田生产管理方法。为什么？因为汽车制造是科学，但汽车制造的管理却是艺术。是艺术就有天分的成分，就有不能重复和不能模仿的东西！比如你有张勇那种对人“轻信”的性格吗？你的下属被骗300万，你有真不发火的气度吗？这就是你学不会海底捞的原因，也是美国汽车工业学不会日本汽车生产管理方法的原因。这与不同画家，用同样的画笔、画布和涂料，画着同样的东西，但画的效果完全不一样是同一个道理。

管理应该是艺术类的专业，管理者是同画家、歌手、作家和导演一样的艺术家。对艺术家来说，天分和实践永远比知识和理论重要。正是因为如此，耳聋的贝多芬能谱写出绝世的乐曲，没读过MBA的张勇能创造出一个让商学院学习的海底捞。这同作家往往不是学文学的，演员、画家和音乐家也不一定要接受正规艺术教育的道理一样。所以，管理者应该是艺术家！

把管理者说成是艺术家一定会让人感到怪怪的，因为很难把整天西装革履、行为规范的管理者同那些留着长发、天马行空的艺术家联系到一起。然而他们的不同只是表面上的，是所谓的神似，形不似，其实，管理者和艺术家骨子里都要特立独行。没有创新，你怎么能在竞争中胜出?！不信，请仔细给我们所熟悉的优秀管理者画一张像，他们身上一定有一些共性的东西，比如他们一定比一般人更愿意创新，行为也更果断；不仅更自律，也更能承担风险；对人对事敏感，甚至有些偏执等等。

像所有艺术家一样，管理者的天分也很重要。如果没有天分，一个管理者即使再努力，也不能管好一个企业。我们经常听人讲：某某某是一个天才的组织者，其实说的就是管理者天分。这个东西很难学，因为它既有遗传成分，也有从娘肚子出来之后的生活阅历。比如，张勇14岁时读的那些西方哲学书籍，你读过吗？

管理究竟是艺术，还是科学？大多数人一定同意管理既是科学也是艺术的说法。我原来也同意这个说法。可是在学校教了9年管理后，我对这个问题的看法发生了变化。我现在觉得这个说法尽管能让大多数人接受，但却是个最滑头和最没用的说法。因为世界上所有专业都是艺术和科学的结合，也就是说，科学专业也有艺术的成分，艺术专业也有科学的成分。比如科学大师爱因斯坦，如果没有超人的想象力，仅靠数学和逻辑能力是不会发现相对论的。正是因为如此，同行称他为“科学领域的大艺术家”。再比如，外科医生不仅需要专业训练，也需要天分！同理，所有艺术专业也都有科学的成分，哪怕纯骗人的艺术——魔术，也要使用科学手段才能变得登峰造极！

因此，区分一个专业是科学还是艺术，实际是根据科学和艺术所占的比重；如果科学的比重大，就是科学，反之就是艺术。

其实，大千世界，万物都是平衡的。但平衡绝不是简单的一边一半，不是中庸之道；任何平衡都有侧重，侧重点决定了事物的本质。因此，那种管理既是科学又是艺术的说法，等于什么也没说。因为，它没有让管理者集中注意力！

企业管理的艺术成分大，决定了管理是艺术的性质，但不代表管理没有科学的成分，也不代表科学管理的东西没用，只不过在管理中，科学成分没有艺术成分起的作用大而已。比如，人都需要公平感和成就感，因此人事薪酬制度必须体现多劳多得才行，否则，员工就不会努力工作，这是管理的科学。但知道人的这种共性以及那些科学的薪酬制度和管理方法，对管理者的帮助并不大，因为每个管理者面对的是：怎样才能让自己公司里那群具体的雇员感到公平和有成就感。这就是艺术要解决的问题。张勇就是因为比同行更好地解决了海底捞那个以农民工为主体的员工队伍的公平感和成就感问题，才让海底捞变成让同行纷纷掏钱去吃饭的火锅店。

管理是艺术的根本原因在于：管理最终是管人，没有人就没有管理。但人不是标准的零件，张三和李四不一样，国有企业员工和民营企业员工是不同的人，“80后”独生子女同他们的父母也不同，城市员工和农民工对公平的感觉不可能一样，美国雇员和中国雇员的成就感也肯定不同。

人尽管有同样的共性，但恰恰是人的特殊性，才使人成为不同的人，这就是“性相近，习相远”的道理。正是这些一个个不同的人，构成了不同的企业，因此，世界上没有两个同样的人，世界上也没有两个同样的企业；也因此，管理永远是具体的！

管理大师德鲁克说：“管理是实践的艺术。”什么是实践的艺术？就是行永远在知的前面——不管理企业，永远不知道企业管理是什么（不论你有什么样的管理学位）；不亲自管理这个企业，就永远不知道这个企业管理是怎么回事（不论你以前管理别的企业多么成功）。行永远比知重要——只有通过不断纠偏的尝试——“摸着石头过河”地做，管理一个具体企业的知识和技巧才能趋于成熟和完美。这就是海底捞那些学历不高、年龄不大，但从服务员干起的干部，在海底捞如鱼得水，可是被人挖走之后就不灵的道理。其实世界500强的集体用人实践也证明了这个道理：企业内部提拔的首席执行官成功比率远远高过空降的首席执行官。

宜家的顾客一体化，沃尔玛的大卖场和西南航空的低价战略在全世界商学院教了很多年，可是谁学会了?！为什么？因为那是别人的艺术，是艺术就有独创性，仅靠模仿是不能成功的。孙子兵法说：“人皆知我所以胜之形，而莫知吾所以制胜之形”（别人只看到我制胜的方法，却不知道我是如何获得这些方法的）。获得这些方法的过程同样重要，因为一个企业掌握了一种有效的方法之后，它的特殊执行能力也就形成了。而别人学的只是方法，却没有学到它的执行能力——执行能力是学不会的！这就是那么多火锅同行学不会海底捞的根本原因！他们的团队没有杨小丽、袁华强、谢英和林忆这些干部的执行能力。

因此，管理者如果不清楚管理的本质是艺术，注意力就必然分散。这是学院派和相信管理是科学的管理者们必然要走的弯路。因为他们认为，管理既然是科学，就要找专门学管理的人和咨询公司来帮助他们制定“最先进和最好”的经营战略和管理方法，这样公司就可以管好了。于是，这些管理者高薪挖来外脑，请来咨询公司，结果无一例外地花了大钱，走了弯路，最终才明白，管理是买不来、教不会、学不到的，管理必须要管理者在实践中自己悟。一句话，自己企业的病，只能自己治。

捞起“海底捞”

孙雅男

几天前，2011 年初的一个寒风萧萧的冬夜，我做了一个梦。

我梦见在四川简阳街心公园的露天茶座，黄铁鹰老师戴着他那顶标志性的灰色鸭舌帽坐在我身旁，我们一边吃着花生一边跟桌子对面张勇儿时的伙伴——如今的茶馆老板两口子热火朝天地聊着张勇当年在这个公园里跟人玩牌打架的段子，面前的花生壳堆了一桌子。张勇坐在一边，有一搭没一搭的，偶尔插句话。他一只脚蹬着眼前的小树干，借势后仰着身子，身下的椅子倾斜着，跷起两条椅子腿儿悬在空中，漫不经心地前后摇晃着。午后的阳光穿过树叶的间隙落在张勇的脸上，留下斑驳陆离的影子。

梦里的这个片段毫不陌生，因为这个场景曾经在 8 个月前真实地发生过。

就在8个月前，我同黄老师一起赶赴四川——张勇的家乡。我们围坐在张勇成都别墅的院子里，听张勇的老母亲细数儿子成长的点滴；我们听张太太——舒萍讲她跟张勇的恋爱细节——当然，跟张勇所叙述的是完全不同的版本，讲到她跟张勇和两个朋友一起创建海底捞的辛酸，情难自已，泪流满面；我们还找到海底捞最初的原始股东施永宏，把酒促膝，听他坦陈他跟张勇的聚散离合，前后原委；我们跟张勇驱车回到简阳——他最初发迹的地方，一起在路边脏兮兮的羊汤小馆子里喝着羊汤，听他儿时的邻居大妈，也算是当年的万元户了，讲起当年兑进火锅底汤里的烧鹅汤；我们穿着防护服在海底捞底料工厂里参观火锅底料的生产流程，空气中弥漫着浓郁的辣椒味道，而那时张勇正在他宽敞的办公室里若无其事地拍打着篮球；张勇带我们回到他儿时居住的四方街——如今那里已经横七竖八地布满了破破烂烂的违章小楼，只见他背着手穿梭在楼与楼之间狭窄的过道里，偶尔跟路过的熟人用四川话打个招呼——眼前这名男子看起来稀松平常，跟四川街头任何一个不拘小节的男人没什么区别；我们还来到简阳第一家海底捞的原址，如今那店面已经成了一家小美容院，张勇当年贴在墙上的瓷砖，如今已是斑斑驳驳，美容院的几个小姑娘莫名其妙地盯着这几个不速之客……我感觉得到张勇松弛的状态，仿佛鱼儿回到了它生长的池塘，带着我们一起回到、深入到他的过去、现在……

从成都到简阳，从四川到北京，在过去的这段日子里，我们遍访张勇的至亲好友、合作伙伴，上到海底捞的原始股东、全体高管，下到海底捞的各级经理、普通店员、保安、司机……

这是完全不一样的一群人，他们多数家境贫寒，靠自己的双手改变了命运，远走他乡在竞争激烈的城市里过上完全不同的生活。海底捞的高管多数与我年龄相差不多，虽然年轻却个个成熟老练。

敢爱敢恨的杨小丽——初见小丽时，她正值新婚宴尔，如今已晋级准妈妈。

少年老成的袁华强——当年冒冒失失的毛头小伙儿如今已经成为海底捞管理体系的总教练。

乖巧伶俐的林姑娘——当年拿着表姐的身份证来海底捞应聘的稚嫩小女孩，如今已披上嫁衣，初为人妇，海底捞作为娘家一手操办了她的婚礼。

莽撞而坚定的谢张华——曾经为店里的意外事件不计后果，如今已成长为干练稳重的店长。

还有海底捞管理层里极少数的高学历人士苟轶群、质朴真诚的谢英、内敛多思的杨滨……

在采访中，张勇曾经对我们说，别把海底捞写得太好了，要呈现出最真实的东西。

海底捞并不完美，它不是一个神话，但它却有着一种说不清道不明的魅力，让人忍不住一次次探究下去，而最终谜底揭晓时，却发现一切不过就是这么简单。

当一些人和事进入你的梦境时，它就成了记忆。这也许意味着，这段采写海底捞的生活即将告一段落。没想到自己跟这家火锅店居然纠缠了这么久，成为我记者生涯里一段难以磨灭的经历。与黄老师的合作是一件幸运而愉快的事情，由商而文的黄老师兼具企业家的精明与学者的书卷气，他总是大步流星又彬彬有礼，是一位真正的绅士、智慧的长者。他会为采访中每一个精彩的细节心潮澎湃，兴奋不已，毫不掩饰。

在一次结束采访回来的路上，黄老师兴致勃勃地对我说，他觉得当记者是一件有意思的事。

我也这么觉得。

参考资料

本书中引用和选编了如下在《海底捞文化月刊》上的文章：

2004 年 6 月刊第 4 页　西安二店翁绍琼的《期盼》

2005 年 4 月刊第 3 页　杨小丽的《可怕的危机》

2005 年 7 月刊第 1 页　西安二分店张绍群的《爱护与节约》

2005 年 11 月刊第 2 页　河南焦作店徐敏的《相信付出终有汇报》

2006 年 4 月刊第 2 页　北京一店王艳的《最感谢的人》

2006 年 6 月刊第 3 页　西安片区助理方双华的《怎样做好一名领班》

2006 年 7 月刊第 1 页　西安片区助理方双华的《如何应对淡季生意》

2007 年 2 月刊第 3 页　苟轶群的《反思》

2007 年 5 月刊第 7 页　西安三店无名氏的《探父》

2007 年 9 月刊第 6 页　北京七店万凯丽的《那一刻我哭了》

2007 年编辑部的优秀案例部分

2008年1月刊　西安五店史利的《谁是最可爱的人》

2008年3月刊　编辑部的《遇到了存心刁难的客人》

2008年3月刊第7页　北京三店杨玉梅的《树高千尺，忘不了根》

2008年8月刊第14页　西安二店李小绵的《那一声温暖人心的姐》

2008年8月刊第17页　北京四店许陈晨的《拨开乌云见彩虹》

2008年8月刊第29页　北京四店张瑜的《如何服务同行》

2008年10月刊第14页　北京七店曾令敏的《有授权但我不喜欢》

2008年11月刊第14页　北京四店王艳的《关于授权》

2008年11月刊　北京七店王斌的《由一次投诉想到的——授权》

2008年11月刊　上海二店杨磊的《困惑》

2008年11月刊　编辑部的《海底捞归来》

2008年11月刊第22页　西安五店菜云侠的《海底捞的飞虎队》

2008年12月刊第15页　北京八店张海霞的《因为有你，所以我在改变自己》

2008年12月刊第16页　上海三店张耀兰的《从清洁阿姨到服务员的感受》

2009年1月刊第12页　上海四店郭春莉的《这个折，打还是不打？》

2009年3月刊第13页　海底捞西安物流站魏义波的《在苦乐中成长》

2009 年 4 月刊第 14 页　上海五店赵蒙的《打架有感》

2009 年 5 月刊第 15 页　北京三店王欢的《我与客人交朋友》

2009 年 5 月刊第 23 页　上海五店夏鹏飞的《像乞丐、打麻将学做事》

2009 年 6 月刊第 27 页　北京四店何琼艳的《期盼下一个年假》

2009 年 7 月刊第 11 页　上海三店姚晓曼的《特意为您》

2009 年 8 月刊第 24 页　北京四店陈志碧的《除了努力，我们别无选择》

2009 年 8 月刊第 29 页　西安三店董小毅的《好妈妈——仇阿姨》

2009 年 9 月刊第 32 页　上海五店黄金仙的《一次感冒的思想延伸》

2009 年 10 月刊第 26 页　上海三店张耀兰的《一碗普通的萝卜丝》

2009 年 10 月刊第 27 页　北京四店王彩虹的《我的第二个家海底捞》

2009 年 11 月刊第 23 页　编辑部上海客人的《感谢信》

2009 年《Hi life》第 36 页　北京九店师洪桥的《双手》

2009 年 10 月刊第 36 页　西安二店王妙华的《巧用牙膏治脚气》

2009 年 12 月刊第 6 页　编辑部的《有爱就有家》

2010 年 1 月刊第 33 页　南京店李婉的《真诚》

2010 年 1 月刊第 55 页　上海四店吴君快的《分享两个案例》

2010 年 4 月刊第 25 页　编辑部封面文章的《吴阿姨学认字》

郑州片区经理冯伯英回忆加入海底捞的文章登载日期不详

西安片区经理杨华的一篇关于家访的文章登载日期不详

《中国企业家》书系编委会

何振红　黄丽陆　徐金川　李　岷　杨伟智

边　杰　杜　亮　张　刚　金错刀　何伊凡

策　　划：《中国企业家》杂志特刊部

出版策划：边　杰

内容策划：邱恒明